Einblick

in das Studium
der Soziologie

Studenten vermitteln
Inhalte ihres Fachs

von Jonny Rieder
und Axel Röbkers

OPS-Verlag

ISBN 3-930487-21-7
© 1995 OPS Verlagsgesellschaft mbH, München
Satz, Layout, Grafik: OPS
Idee und Konzept: Antje Stermann
Druck: Ebner Ulm

Zur Reihe »Einblick«

Wer sich heutzutage entscheidet, ein geisteswissenschaftliches Fach zu studieren, geht angesichts der Lage auf dem Arbeitsmarkt mit Sicherheit ein Risiko ein. In vielen Fällen wird eine offensichtliche oder vermeintliche Neigung – entdeckt in der Schule oder aufgrund von Meinungen und Standpunkten mehr oder weniger informierter Mitmenschen – eine große Rolle bei der Wahl des Studienfachs spielen. Doch gerade beim Neigungsstudium, dem zu Unrecht der Geruch vorsätzlichen Außenseitertums oder gar weltfremden Snobismus´ anhängt, ist es wichtig, vorher zu wissen, auf welche Art von Geistesanstrengung man sich einläßt. Denn oftmals klaffen in diesem Bereich Vorstellung und Wirklichkeit weit auseinander.

Die Inhalte geisteswissenschaftlicher Studiengänge vermitteln die Bände dieser Reihe, die von Studenten oder Absolventen verfaßt sind, denen die Atmosphäre in Seminar, Vorlesung und Studierzimmer noch lebhaft vor Augen steht. Ihnen gebührt höchste Anerkennung, haben sie doch durch die verkürzte Darstellung der Gebiete ihres Fachs zwangsläufig das Risiko auf sich genommen, von wissenschaftlicher Seite aus angreifbar zu sein.

Unser Bestreben ist, all jenen eine Orientierungshilfe an die Hand zu geben, die sich rasch und unkompliziert in groben Zügen darüber informieren wollen oder müssen, worüber die Köpfe der Studenten eines bestimmten Fachs eigentlich brüten. Verkürzungen, Verzerrungen und Lücken sind dabei notwendigerweise entstanden, denn im Vordergrund standen Anschaulichkeit, Lebendigkeit und Begeisterung für die Wissenschaft. Wir glauben, all das haben Autorinnen und Autoren der Reihe in bewundernswerter Weise zu einem Szenario zusammengestellt, das einen realistischen Einblick in ihr Fach vermittelt. An dieser Stelle unser Dank an sie.

Andreas Patschorke und Christian Q. Spitzner (OPS)

Inhalt

A. Inhalte des Studiums

1. Intro

1.1 Unseren Leserinnen

Als Soziologen haben wir schonmal davon gehört, daß Frauen auch durch die Sprache benachteiligt werden. Wir sind mit der im Deutschen üblichen »männerbezogenen« Schreibweise nicht sehr zufrieden, haben aber leider keine besonders tolle Alternative aufgetrieben. Die »-in«-Anhängsel weisen zwar darauf hin, daß es auch noch Frauen gibt, aber sie werden dadurch wieder nur zum Anhängsel an die Männer; wird das »In« groß geschrieben oder werden immer beide Versionen genannt (Soziologen und Soziologinnen) wird der Text zwar gerechter, aber dafür holpriger zu lesen. Frauen, die die männliche Schreibweise schwer zu lesen finden, hoffen wir dennoch nicht zu verärgern. Wir haben deshalb in diesem Buch entsprechend den meisten anderen Büchern der »Einblick«-Reihe – auch denen, die von Frauen geschrieben wurden – bei nicht geschlechtsneutralen Begriffen die leider vorherrschende männliche Schreibweise verwendet.

Wer dennoch Anstoß an unserem durchaus männlich-bequemen Kompromiß nimmt, möge dieses Buch im Regal oder in der Auslage verstauben lassen, oder aber uns oder dem Verlag schreiben und uns Vorschläge unterbreiten, wie wir dieses Dilemma lösen können.

Ansonsten: Nochmals heftiges Sorry! und: Viel Spaß und wenig Gram beim Lesen!

1.2 Wozu das Buch?

Einführungsliteratur der soziologischen Art prasselt auf Anfänger herein wie die Sterntaler in einem bekannten Märchen. Darunter finden sich auch sehr gelungene Büchlein, neuere und ältere, dickere und dünnere. Insofern wäre es nicht notwendig, dieser soziologischen Büchermeile noch weitere, sagen wir mal zwei, Zentimeter

Buchrücken hinzuzufügen. Die besonders cleveren Leser wissen, was jetzt kommt: Dieses Buch ist mal wieder etwas ganz anderes und außerdem unbedingt notwendig. So dreist wollen wir gar nicht sein.

Dem unbefriedigendem Gefühl vieler Abiturienten, Berufsberater und sonstiger Lebens-Wegweiser, dieses Fach nur vom Namen her zu kennen, vermengt mit diversen positiven oder negativen Vorurteilen, versuchen wir mit diesem Buch eine kleine, aber ballastreiche Verdauungshilfe zur Verfügung zu stellen. Jedoch ist es kein leichtes Unterfangen, allein von dem ehrbaren Bedürfnis beseelt, interessierten Nicht-Soziologen ein paar Einblicke in dieses Fach zu gewähren. Von Ort zu Ort gibt es deutliche Unterschiede in Aufbau und Ausrichtung des Faches und wer einmal einen Blick in die Fülle der Themen hineingeworfen hat, dessen Gedanken verlieren sich schnell in diesen unendlichen Weiten.

Zwei Schwerpunkten wollen wir Gewicht verleihen:

▶ Einblicke in die Inhalte des Studiums, als leichte Kost serviert

▶ Studentische Sorgen mit der Soziologie, als Rahmen gedacht

Aber Achtung: Wir wollen keine soziologische BILD-Zeitung machen oder die Werke von Karl Marx und Max Weber in poppigen Phrasen servieren. Stattdessen werfen wir einen Blick auf Inhalte, Fragen und Herangehensweisen dieses Faches. Dieses Buch ist jedoch sowohl in der Auswahl der Themen als auch in deren Darstellung und Bewertung höchst subjektiv – einige wichtige Themen der Soziologie erscheinen nur am Rande oder gar nicht. Auch sind unsere Sorgen mit dem Studium nicht unbedingt verallgemeinerbar.

Im Unterschied zu anderen soziologischen Autoren konnten wir uns eine gewisse Distanz zur Soziologie bewahren. Es ist keine Gleichgültigkeit, sonst hätten wir es nicht gewagt, darüber zu schreiben, aber wir sind nicht chronisch verliebt oder damit verheiratet, d.h. wir werden keine »blinde« oder anstandsgebotene Werbung für dieses Fach machen.

Das Buch ist in zwei Teile gegliedert: Teil A befaßt sich mit Inhalten der Soziologie und Teil B mit organisatorischen Fragen des Studiums. Im A-Teil haben wir die studentischen Zugangsschwierigkeiten als Rahmen der Kapitel über die Studien-Inhalte gewählt, sozusagen als Ein- und Ausgang (Kapitel 2 und 7). Der inhaltliche Teil beginnt mit einer sehr kleinen Geschichte der Soziologie (Kapitel 2.3), um das Verständnis für die Bedeutung und Entwicklung dieses Faches zu wecken. Ihm folgt ein dreistufiger Weg in die Soziologie. Wir begleiten das Individuum durch die Gesellschaft und ziehen immer weitere Kreise. Dabei gelangen wir über einige Grundbegriffe (Kapitel 3) und soziale Gruppen (Kapitel 4) zu den großen soziologischen »Dimensionen« (Kapitel 5). Bei diesem Aufteilungsversuch lassen sich Überschneidungen allerdings nicht vermeiden, zu eng hängt alles mit allem zusammen, und die Übergänge zwischen den in Kapitel 4 und 5 behandelten »speziellen Soziologien« sind fließend. Soziologie ist eine Erfahrungswissenschaft, d.h. sie muß ihre Überlegungen entweder aus beobachteten Tatsachen gewinnen oder anhand von beobachtbaren Tatsachen überprüfen: Kapitel 6 befaßt sich mit dem praktischen Teil der Soziologie, der empirischen Sozialforschung. Den soziologischen Theorien haben wir kein eigenes Kapitel gewidmet, jedoch tauchen einige von ihnen in der »kleinen Geschichte« und in den einzelnen speziellen Soziologien auf.

Nochmal: Dies ist keine Einführung in die Soziologie. Wer so etwas sucht, findet im Uni-Buchladen sicher Nützlicheres. Wer hingegen einen unterhaltsamen Einblick in das Soziologiestudium sucht, den hoffen wir nicht zu enttäuschen.

Deutlicher und anhaltender Dank für die Unterstützung bei der Entstehung dieses Buches gebührt: David, Rosi, Thomas H. und Thomas S. Das Ergebnis widmen wir Arabella aus der tschechischen Fernsehserie »Die Märchenbraut«.

Unseren Leserinnen und Lesern wünschen wir angenehmes Blättern und freuen uns auf kritische Anmerkungen über dieses hoffentlich sehr unsoziologische Soziologiebuch.

A.R. & J.R.

2. Was ist Soziologie?

Unterhalb der sichtbaren Gebäude der menschlichen Welt bestehen verborgene, unsichtbare Interessen- und Machtstrukturen, die darauf warten, von Soziologen aufgedeckt zu werden. Das »Manifeste« ist nur eine Seite der Medaille - das »Latente« ist zu erforschen. Oder mit einfachen Worten: Die Welt ist nicht, was sie zu sein scheint. In dieser enthüllenden, aufdeckenden Qualität der Soziologie liegt ihr zutiefst subversiver Charakter. Jede Kollektivordnung ist stets durch offizielle Definitionen legitimiert, und das Aufzeigen, daß diese Definitionen nur von einem Teil der Geschichte handeln oder, schlimmer noch, dazu dienen, zu verschleiern, was sich wirklich abspielt, diese Aufklärung ist für die »gute Ordnung« zutiefst subversiv. Mit anderen Worten, Soziologie ist vom ersten Augenblick an »subversiv«, insofern sie auf die soziale Realität ihre besondere Sichtweise anwendet. Es ist wichtig, hier zu betonen, daß dem so ist, unabhängig davon, ob ein bestimmter Soziologe subversiv zu sein beabsichtigt.

Peter L. Berger & Hansfried Kellner

2.1 Erste Fragen

»Soziologie??? Was macht man denn da?« Die Alptraum-Frage für jeden Soziologiestudenten. Meist kommt sie überraschend aus dem Hinterhalt, biegt plötzlich mit einer Schulkameradin um die Straßenecke, oder klopft einem unverhofft aus der Mensaschlange heraus auf die Schulter. Das sind Momente, an denen man wünscht, Scotty oder Mr. Spock würden einen ganz schnell wegbeamen. Wer schon mal von einem unüberhörbaren »Die Fahrkarten bitte.« im U-Bahn-Abteil geweckt wurde, wohlwissend, daß das Ticket noch im Automaten schlummert, oder wer vom Kaufhaussheriff gestoppt wurde, weil ihm ein Edding unbezahlt in die Tasche gehüpft ist, weiß, was wir meinen.

»Was ist Soziologie?« Nun, wer kein »gesellschaftlicher Schwarzfahrer« sein will, wem solche Fragen wirklich an die Substanz gehen, dem wollen wir als soziologische Übungsleiter eine kleine Hilfestellung geben. So kann diese peinliche Situation mit einer sauberen Kür und einem gelungenen Abgang beendet werden. Denn es gibt eigentlich keinen Grund, sich als Soziologe zu verstecken oder nach passenden Ausreden zu suchen, sich je nach Bildungsgrad und sozialer Umgebung der Fragenden eine konfliktvereitelnde Antwort zurechtzulegen: Für die Omi wäre Soziologie was Soziales, für den wissenschaftsbegeisterten Onkel wäre es deutlich forschungsmäßig und für Papi etwas sehr Seriöses mit guten Zukunftsaussichten, für die alte Klassenkameradin, die jetzt Jura studiert, etwas Kritisches und Anspruchsvolles und der Maschinenbau-Student auf dem Wohnheimsstockwerk wäre am besten mit »Sozial-Ingenieur« zu verblüffen. Keine Frage, damit läßt es sich irgendwie leben, aber das erinnert doch stark an diverse Lebenslügen, die man von seinen Eltern her kennt und für die später noch genügend Zeit bleibt, wenn man erst mal richtig »eingebürgert« ist und sein Leben den Kompromissen des Alltags opfert.

Ungerecht wird das soziologische Schicksal eigentlich dadurch, daß solche Fragen beispielsweise Mathematikern, Physikern oder Psychologen in der Regel nicht gestellt werden. Aber wer hat denn gleich eine Kurzdefinition von Mathematik zur Hand? Oder was macht denn ein Physiker, wenn er nicht gerade Soziologen und Psychologen in der Warteschlange am Arbeitsamt trifft und sie beim Kaffee oder Bier beschließen, ein Taxiunternehmen oder eine Kneipe aufzuziehen, aber noch auf die gescheiterte Betriebswirtin warten?

Ob Soziologen so nützlich sind wie z.B. Lateinlehrer oder Fußballspieler, U-Bahn-Kontrolleure oder Kaufhausdetektive, Staatssekretärinnen, Politessen oder Fotomodels, können wir nicht sagen. Das hängt davon ab, was jemand unter »nützlich« (für die Gesellschaft) versteht und da gibt es zu unserem Glück durchaus abweichende Meinungen.

2.1.1 Die Soziologie und der Alltag

Oftmals müssen sich Soziologen anhören, daß ihre Erkenntnisse banal sind, daß sie auch mit gesundem Menschenverstand zu erkennen seien. Mit ein Grund für diese Annahme ist zum einen, daß sich Soziologen mit alltäglichen, jedem vertrauten Feldern, wie Gruppen, Familie, Arbeit und Freizeit befassen, zum anderen, daß die Grenzen zwischen wissenschaftlichen soziologischen Aussagen und den Thesen von Journalisten, Politikern und anderen gesellschaftlich interessierten »Laien« fließend sind und in der öffentlichen Diskussion oft untergehen. Hinzu kommt, daß sich immer öfter Soziologen aus ihrem wissenschaftlichen Elfenbeinturm herauswagen und ihr Wissen einem breitem Publikum anbieten. Damit machen sie die Wissenschaft transparenter und stellen ihr Wissen einem größeren Diskussionsforum zur Verfügung. Wenn Alltagsmedien Wissenschaft anbieten, muß sie zwangsläufig für ein weniger spezialgebildetes Publikum verdaubar, wenn nicht sogar unterhaltsam sein.

Nun ist Unterhaltung grundsätzlich noch nicht negativ, aber in einem Wettlauf der Seichtigkeit, in einer Gründerzeit der Niveaulosigkeit, die in einer endlosen Flut von Talkshows und McNachrichten-Magazinen über die Gesellschaft einbricht, ist Qualität an sich kein Kriterium mehr. Einschaltquoten und Leserschaft sind die Maßstäbe, an denen Produkte – und als solche sind auch wissenschaftliche Beiträge zu betrachten – gemessen werden. So wird auch Wissenschaft durch die bunte Verpackungsmaschinerie gedreht, werden komplexe Thesen mundgerecht serviert. Das Problem, das hier (nicht nur) für Soziologen auftritt, hat schon etwas mit der Frage: »Wissenschaft – wofür?« zu tun, auf die wir in Abschnitt 2.2. etwas genauer eingehen wollen. Denn beide Extreme, die wissenschaftliche Selbstbefriedigung im nur für Stammgäste zugänglichen Café Elfenbeiturm und die halb-und-weniger wissenschaftliche Präsentation der Soziologie in inhaltslosen Zeitgeist-Phrasen halten wir für bedenklich.

2.1.2 Die Angst vor der Banalität

Es ist nicht außergewöhnlich für eine Wissenschaft, sich mit alltäglichen Dingen und Phänomenen zu befassen: Auch die Physik oder die Biologie tun dies, aber oftmals wird dort der Alltag dermaßen abstrahiert und formalisiert, daß diese Wissenschaften in der Tat dem Alltag entrückt erscheinen. Viele Bereiche können eben durch Erfahrung kompensiert werden, wie beispielsweise das Gesetz der Schwerkraft oder der Trägheitssatz. Man muß keine Ahnung von Physik haben, um zu wissen, daß ein Stein auf den Boden fällt, wenn man ihn losläßt. Der große Unterschied zur Soziologie liegt im »Gegenstand« der Wissenschaft. Soziologie befaßt sich mit Menschen. Diesen kann man in zwei Teile aufgliedern: Einen biologischen, der gewissen »objektiven« Gesetzen unterworfen ist und einen geistig-psychisch-ethischen, der zwar nicht völlig frei ist, aber zumindest zwischen verschiedenen Optionen wählen kann.

Menschen können beispielsweise wählen, ob sie essen oder nicht. Zwar gibt es einen inneren Antrieb, den Hunger, der es nahelegt, in einem bestimmten Zustand Nahrung aufzunehmen, aber am Beispiel von Hungerstreikenden ist gut zu erkennen, daß ein Mensch seinen biologischen Antrieb durch Willenskraft streckenweise entmachten kann.

Ein weiteres Problem der Soziologie ist ihre Abgrenzung von den Nachbarwissenschaften. Nähert sie sich dem Individuum, landet sie früher oder später bei der **Psychologie**, nähert sie sich dem Staat, stolpert sie über die **Politikwissenschaft**, will sie über die reine Beschreibung und Dokumentation hinaus angewendet werden, trifft sie auf **Pädagogik** und **Recht** oder auf die **Ethik**. Setzt sie sich mit den Medien auseinander, überlagert sie sich mit **Kommunikationswissenschaft** und die **Statistik** ist ohnehin Teil soziologischer Forschung.

Wer soziologisch forscht, setzt sich immer der »Gefahr« aus, nach monate-, manchmal jahrelangen Untersuchungen Ergebnisse zu präsentieren, die dem Alltagsverständnis vieler Bürger nahekommen. Kein Wunder, daß mancher fernsehgewandte Bürger glaubt, er hätte das Ergebnis der Studie mit seinem gesunden Menschenverstand erkennen können. Das ist ein Dilemma der Suche nach »Wahrheit«. Wie der Zufall so will, treffen manchmal auch pauschale Annahmen zu. Wenn Forschung solche Vorurteile bestätigt, denkt sich mancher »Laie«, das habe er gleich gewußt, diese Aktion hätte man sich sparen können. Einen wackeren Soziologen darf das aber nicht von der Arbeit abhalten, solche »Besserwisserei« muß er souverän erdulden.

2.1.3 Noch eine Hilfestellung

Der Titel »Einblick in das Studium der Soziologie« deutet schon darauf hin, daß es hier nur um ganz kleine Ausschnitte geht, um einen kurzen flüchtigen Blick in die große Rumpelkammer der Wissenschaft, daß wir nur kurz ein schwaches düsteres Licht anknipsen können. Mit dieser Lektüre kann nur erahnt werden, welche Möbel und anderen Einrichtungsgegenstände sich im großen Gesellschaftsgebäude befinden, um das die Soziologie ihr Gerüst und ihre Scheinwerfer aufgebaut hat. Der Leser ist somit aufgefordert, sich selbst voranzutasten, wenn er die Räumlichkeiten weiter erkunden will. Er soll andere (Licht-) Quellen ausprobieren, sich auf den wackeligen Stelzen unbedarfter Neugierde durch den Raum bewegen.

Soziologie sei nun vorläufig als die Kunst betrachtet, Einblicke in das Phänomen Gesellschaft zu leisten, die über die **Alltagserfahrung** jedes Einzelnen hinausreichen. Soziologie ist, ebenso wie z.B. die Psychologie, ein Studium über das **menschliche Handeln**, nur aus einer anderen Sichtweise. Das heißt, wie bereits angedeutet, nicht automatisch, daß soziologische Erkenntnisse dem »Alltagswissen« jedesmal widersprechen. Aber viele Vorstellungen, die wir von der Gesellschaft haben, müssen revidiert, zumindest differenziert werden.

Die Fragen, die wir im Laufe des Buches stellen, sollen nicht nur Zeichen unserer eigenen Skepsis gegenüber diesem Fach sein, sondern vor allem die Wichtigkeit des Hinter- und Nachfragens in dieser und jeder anderen Wissenschaft betonen. Für uns hat die Soziologie auch die Aufgabe, Widersprüche und Auseinandersetzungen in die Gesellschaft zu tragen. Analyse und Diskussion gesellschaftlicher Probleme sollen nicht nur in den bücherverschlingenden Köpfen ergrauter Wissenschaftler und in den Gesetzestext-formulierenden Gehirnen gesellschaftsferner Politker stattfinden. Sie gehören überall hin, wo sich Leute begegnen und im Diskutieren und Lösen gesellschaftlicher Probleme nicht nur ein notwendiges Übel sehen, sondern auch Spaß daran haben. Die Gefahr für eine Gesellschaft, über die nur noch in Büchern, Fachzeitschriften und auf Gelehrtenkongressen debattiert wird, ist letztlich die, daß sich Menschen nicht mehr als aktive Teilnehmer sehen. Die moderne Gesellschaft bietet unendlich viele Winkel und Bereiche, in die man sich zurückziehen kann, um sich vor den Problemen zu verstecken, denen sich der Einzelne nicht gewachsen sieht. Wir glauben, auch in diese Winkel und Bereiche muß die Soziologie vordringen. Diese Mauern zwischen Individuum und Gesellschaft muß die Soziologie überwinden.

2.2   Der Zugang zur Soziologie

Auch der Forschungsgegenstand der Soziologie ist schwierig zu bestimmen. Die Soziologen sind sich oft nicht darüber einig, was sie von der Soziologie oder der Gesellschaft wollen, wohin sie mit der Soziologie wollen, was diese Soziologie überhaupt ist.

Mediziner haben da weniger Probleme: Der menschliche Körper hat eindeutige Grenzen. Auch Sprachwissenschaftler müssen sich nicht permanent überlegen, was sie untersuchen. Biologie, die Lehre vom Lebendigen, hat zwar ein großes Spektrum, aber es wurde nie debatiert, ob Steine nun dazugehören oder nicht. Dagegen will die Soziologie überall mitmischen: Nicht völlig zu Unrecht glaubt sie, alles betreffe die Gesellschaft und müsse berücksichtigt werden. Dieser Gedanke, der sich durch das Anwachsen der Veröffentlichungen zu immer spezielleren Themen äußert, birgt die Gefahr, die Soziologie in der Wüste auszusetzen. Es sind keine Richtungen mehr erkennbar und die zu Tage geförderten Ergebnisse sind vielleicht unterhaltsam, aber haben mit der Gesellschaft und den aktuellen Problemen wenig gemeinsam. Das heißt nicht, daß Soziologie sich nur um Belanglosigkeiten kümmert, es soll den Interessenten dieses Faches nur zu denken geben, daß immer die »Gefahr« besteht, sich mit seinem Wissen in alle Winde zu zerstreuen, aber die wesentlichen Zusammenhänge und Aufgaben aus den Augen zu verlieren.

Wo fängt die Gesellschaft an, wo hört sie auf? Was gehört noch dazu, was nicht mehr? Schnell breitet sich da ein Gefühl der Ohnmacht aus: Wo startet der Wissenschaftler seine Studien? Worüber will er Aussagen machen? Und was will er überhaupt damit?

Mediziner wollen die Krankheiten und Verletzungen des menschlichen Körpers besiegen, Volkswirte wollen globale wirtschaftliche Zusammenhänge verstehen und erklären, aber was will der Soziologe? Ist er nur ein langweiliger Volkszähler, der an den Geschäftsmann aus *Saint-Exupérys* »Der kleine Prinz« erinnert? Der kleine Prinz begegnet diesem Geschäftsmann, der auf einem Planeten wohnt und pausenlos die Sterne am Himmel zählt:

> *»Und was machst du damit?«* *»Ich verwalte sie. Ich zähle sie und zähle sie wieder«, sagte der Geschäftsmann. »Das ist nicht leicht. Aber ich bin ein ernsthafter Mann.«*

Der Soziologe – ein ernsthafter, volkszählender Mensch?

Wir wollen den bereits vorhandenen Vorurteilen gegenüber Soziologen keine weiteren hinzufügen. Deshalb behaupten wir nicht, daß Soziologen solche ernsthaften Frauen und Männer sind.

Aber schon taucht das nächste Problem auf: Der Sozialwissenschaftler ist ein Teil der Gesellschaft, die er untersucht. Doch Wissenschaft lebt auch von ihrer Distanz zum Untersuchungsgegenstand. Aber zurück zum Ansatzpunkt: Wie untersucht man die Gesellschaft? Sie läßt sich schlecht auf die psychologische Couch legen und ebenso wenig telefonisch oder schriftlich befragen.

Wir sehen zwei Wege: Der eine führt treppauf über die Individuen, über Gruppen und Institutionen zur Gesellschaft als Dach. Bei dem anderen ist die Gesellschaft die Basis, von der aus die Individuen erreichbar werden. Beide Wege sind Luftlinien, die sich kaum begehen lassen. Der angemessenste Weg scheint ein Zick-Zack-Kurs zu sein, der das Wechselspiel zwischen Gesellschaft und Individuen verfolgt.

Also seziert die Soziologie die Gesellschaft, zerlegt sie in genießbare Häppchen und untersucht diese getrennt. Sie befragt Jugendliche, ob sie später eine Familie gründen wollen oder lieber eine Wohngemeinschaft, welchen Stellenwert Geld oder Selbstverwirklichung einnehmen, wovor sie Angst haben und woran sie glauben.

Es darf nicht vergessen werden, daß diese Häppchen nach wie vor zusammenhängen und sich gegenseitig beeinflussen. Man kann zwar die Gesellschaft in soziologisch interessante Bestandteile aufgliedern: Institutionen, soziale oder formale Organisationen, ethnische Gruppen, Altersgruppen, Status- und Machtgruppen, Geschlechter usw.. Das Problem: Betrachtet man das Ganze im Sinne der Mengenlehre, überschneiden sich alle diese Teilmengen. Wer einer Familie angehört, läßt sich außerdem einem Geschlecht, einer Konfession oder einer sozialen Schicht zuordnen. Es ist nicht sinnvoll, die Familie völlig separat zu sezieren, ohne Aspekte des sozialen Wandels oder der herrschenden gesellschaftlichen Werte heranzuziehen.

Wir versuchen, den Weg des Individuums in die Gesellschaft zu verfolgen, also das schrittweise Eindringen eines Neugeborenen in seine soziale Umwelt: Seinen langen Marsch durch die Gruppen und Institutionen, durch Schule und Familie, durch den gesellschaftlichen Wandel. Diese Variante scheint uns plausibel und verständlich.

Wer anfängt, Soziologie zu studieren, wird sehr bald mit einer unübersichtlichen Breite an Ansatzpunkten, Perspektiven und Begriffen konfrontiert werden. Es gibt einen **geschichtlichen Zugang**, in dem vor allem die Entwicklung gesellschaftlichen Wandels thematisiert wird, einen **empirischen Zugang**, der sich z.B. für die politische Beteiligung in einer bestimmten Region interessiert. Die **speziellen Soziologien** untersuchen nur bestimmte Bereiche der Gesellschaft, wie z.B. Bildung, Arbeit, Jugend oder soziale Ungleichheit, und möglicherweise ihre Wechselwirkung mit anderen Bereichen. **Mikrotheoretische Modelle** betrachten soziales Verhalten auf der Ebene des Individuums, **makrotheoretische** auf der Ebene der Gesellschaft.

Noch ein Hinweis bevor es richtig losgeht: In der Soziologie werden viele Begriffe verwendet, die auch von Normalverbrauchern benutzt werden, sie unterscheiden sich jedoch hinsichtlich ihrer Genauigkeit und ihres Inhalts. Um Erkenntnisse über Phänomene wie Gesellschaft, Arbeitslosigkeit oder Liebe gewinnen zu können, muß klargestellt werden, worum es sich im einzelnen handelt. Wenn bei einigen Begriffen verschiedene Definitionen vorliegen (bei Kultur, Schicht etc.), konnten sich die Soziologen nicht einigen. Solange diese Begriffe griffig sind und klar umreißen, was sie meinen, ist das noch in Ordnung. Problematisch wird es, wenn verschiedene theoretische Positionen sich miteinander raufen, wessen Analyse nun eher zutrifft. Das spielt zum Beispiel in der Auseinandersetzung um die Entwicklung der Familie eine Rolle. Je weiter der Begriff Familie gefaßt wird, d.h. je schwammiger die Definition von Familie ist, desto einfacher ist es, zu behaupten, die Familie sei stabil geblieben, weil eventuell getrennt lebende oder geschiedene Elternpaare noch dazugehören. Anders herum, wer Familie als zusammenlebendes Grüppchen aus einem verheirateten Elternpaar und X Kindern definiert, kann ohne weiteres darlegen, wie die Familie sich allmählich auflöst.

Anders als im Alltagsgebrauch bezeichnet »sozial« im soziologischen Sinne, also wenn von sozialem Handeln, sozialer Rolle oder

sozialen Normen die Rede ist, nicht etwa einen Ausdruck ausgepräg-
ter Nächstenliebe, sondern schlicht, daß dieses Handeln oder diese
Rolle auf andere Menschen bezogen ist. Der gesonderte Gebrauch
von Begriffen sollte sich immer wieder bewußt gemacht werden, da
die Soziologie ohnehin schwer überschaubar ist und zusätzliche
Verwirrung den Spaß an der Sache ziemlich bremsen würde.

2.3   Kleine Geschichte der Soziologie

Die Entstehungszeit der Soziologie hat ihre Ausrichtung, ihre Entwicklung und ihre Interessen stark beeinflußt. So sind die verschiedenen Positionen, ihre Fehler und ihre Gültigkeit nur einzuschätzen,
wenn man den Mantel der Geschichte betrachtet, in den sie sich
hüllen. Mit der »kleinen Geschichte der Soziologie« soll eine weitere
Tür zu diesem Fach geöffnet werden.

Historische Prozesse, die mit der Entstehung der Soziologie in Verbindung gebracht werden, sind:

- Aufklärung

- Französische Revolution

- Industrialisierung

Soziologie ist ein Kind der Aufklärung und der Industrialisierung,
anders als die Philosophie, die bekanntlich bis ins sechste Jahrhundert vor Christus zu den alten Griechen zurückreicht. Soziologie
wurde in der Zeit der großen gesellschaftlichen Umwälzungen, der
Unabhängigkeitsbewegungen und Revolutionen geboren. Sie war
ein unbequemes, nörgelndes Kind, das Kritik an den bestehenden
Verhältnissen übte, hin und her gerissen zwischen Optimismus und
Pessimismus gegenüber den sich anbahnenden Entwicklungen.

Die Soziologie ist eine Spätaufsteher-Wissenschaft, die sich erst ins
Geschehen einklinkte, als viele andere Wissenschaften längst bei der
Arbeit waren. Das mag sie einerseits ganz sympathisch machen,
andererseits hat es den Nachteil, daß sie sich an den bereits verteil-
ten Kuchenstücken der anderen bedienen mußte. Der Nachteil be-
stand natürlich in erster Linie darin, sich von den anderen abgren-

zen zu müssen und in permanenten Legitimationsschwierigkeiten zu stecken. Das gilt zum Teil bis heute.

Soziologie entstand in Frankreich, wurde ein bißchen später in Deutschland und den USA entwickelt, und hatte ihre (erste) Blüte Ende des 19. bis Anfang des 20. Jahrhunderts. Die Vaterschaft der Soziologie wird dem Philosophen **Auguste Comte (1798-1857)** zugesprochen: 1830, als die Nachwehen der französischen Julirevolution einsetzten. Eine Mutter der Soziologie wird nicht genannt, aber wer in die Geschichtsbücher schaut, muß ohnehin den Eindruck gewinnen, Frauen spielten in der Geschichte der Menschheit keine wesentliche Rolle. Comte glaubte an den Segen des Fortschritts und an die Gesetzmäßigkeit gesellschaftlicher Entwicklungen: Eine soziale Evolution führe den Menschen zur Herrschaft der Vernunft. Comtes Soziologie sollte eine »soziale Physik (physique sociale)« sein, eine Erfahrungswissenschaft, die Gesellschaft als Produkt von Naturgesetzen sieht. Ziel des **Positivismus** – so nannte sich diese wissenschaftliche Richtung – war es, soziale Gesetzmäßigkeiten zu finden, anhand derer Entwicklungen vorhergesagt werden können. Wissen sollte Grundlage der Machtausübung und Beherrschung sein, ein Gedanke, der uns in seiner Ausprägung als Glaubensersatz an den Rand der **Apokalypse** geführt hat, wie wir heute wissen.

Comte versuchte sich mit dem »Dreistadiengesetz« zu etablieren, das den Lauf der Geschichte wie folgt einteilt:

1. Theologisches Stadium: Die Menschen betrachteten die Welt als Spielwiese der Götter.

2. Metaphysisches Stadium: Die Menschen beginnen, sich auf der Spielwiese der Götter ihren eigenen Bereich einzurichten: Neben die göttliche tritt eine weltliche Ordnung.

3. Wissenschaftliches Stadium: Am Höhepunkt ihrer emanzipatorischen Karriere angelangt, vertreiben die Menschen Gott aus ihrem irdischen Paradies. Die positive Wissenschaft erklärt und regiert die Welt, Soziologie wird zur Königswissenschaft.

Zu diesen stark an den Naturwissenschaften orientierten positivistischen Soziologen zählte auch der Engländer **Herbert Spencer (1820-1903)**, der sich mit der sozialdarwinistischen These »survival of the fittest« gegen staatliche Wohlfahrtsprogramme wandte und das

Elend der Welt sich selbst überlassen wollte. »Die Gesellschaft, in der nur die Tauglichsten überlebten, war nach Spencer zugleich die tauglichste Gesellschaft« (Hans van der Loo und Willem van Reijen).

Industrialisierung und kapitalistische Marktordnung bedeuteten nicht nur bahnbrechende technische Erfindungen (Dampfmaschine, Verbrennungsmotor, industrielle Textilverarbeitung, Elektrizität), medizinische Verbesserungen (Hygiene, Erkennung und Behandlung verschiedener Krankheitserreger) und den Marsch der Landarbeiter in die Stadt, um sich in den Fabriken ausbeuten zu lassen. Sie begründeten ebenso weitreichende Veränderungen im menschlichen Zusammenleben: Mit der räumlichen Trennung von Arbeit und Wohnen in den Städten verbreitete sich erst die »bürgerliche Familie« und damit ein »Privatleben«, wie es für uns heute selbstverständlich ist. »Die Familie war keine Produktionsgemeinschaft, sondern eine Gemeinschaft für Konsum, Freizeit und Entspannung« (Rainer Geißler).

Karl Marx (1813-1878) war einer der ersten, der auf die zerstörerischen Folgen der Industrialisierung und des hemmungslosen Kapitalismus aufmerksam machte. Er sah sehr wohl die Differenzen zwischen den Idealen der Aufklärung – der »Ausgang des Menschen aus selbstverschuldeter Unmündigkeit« (Immanuel Kant) – und der sozialen Wirklichkeit im industrialisierten Europa. Der Versuch, die dreifarbige Moral-Formel der französischen Revolution - Freiheit, Gleichheit, Brüderlichkeit - in die Praxis umzusetzen, brachte andere Formen der Abhängigkeit und Unterdrückung. Feudale Leibeigenschaft wurde durch kapitalistische Lohnabhängigkeit ersetzt, die Ungleichheit setzte sich fort. Marx war insofern Soziologe, als er seine Theorien aus der bestehenden Realität entwickelte, das Schicksal der Fabrikarbeiter konkret beobachtete und beschrieb, und erkannte, daß deren Not sich aus den Produktionsverhältnissen und der Eigentumsordnung ergab. Er installierte den Begriff der »**Klasse**« und interpretierte die Geschichte als »Geschichte von Klassenkämpfen«. Marx bemühte sich zugleich, über das bloße Beschreiben der Zustände hinauszugelangen und mit der »klassenlosen Gesellschaft« das Ziel der gesetzmäßigen Veränderungen zu zeigen.

Ein anderer Guru der Soziologie, **Emile Durkheim (1857-1917)**, entdeckte, vom Positivismus beeinflußt, die Bedeutung kollektiver Vorstellungen, wie z.B. der Religion, für die gesellschaftliche Einbindung und Orientierung der Individuen. Dem Individuum steht eine Gesellschaft gegenüber, die nicht vom Wirken des Einzelnen abhängt, im Gegenzug aber das Individuum stark beeinflußt. Mit seiner Kult-Studie »**Der Selbstmord (Le suicide)**« wies er auf die gesellschaftlichen Ursachen individuellen Handelns hin. Durkheim war maßgeblich daran beteiligt, die Soziologie als eigenständige Wissenschaft zu etablieren und ihre Bedeutung als Erfahrungswissenschaft hervorzuheben.

Ähnlich wie Durkheim lehrte **Max Weber (1864-1920)**, daß menschliches Verhalten sinnorientiert ist und neben den ökonomischen Bedingungen auch von Ideen und Wertvorstellungen geleitet ist. Er sah gar eine **protestantische Ethik** – eine religiös geleitete, selbstdisziplinierende Arbeitsmoral (»innerweltliche Askese«) – als wichtige Basis für die Entwicklung des Kapitalismus. So lenkte Weber, im Gegensatz zu den soziologischen Richtungen, die den Einzelnen eher als hilflose Nußschale im Meer der Gesellschaft dachten, den Blick auf das Individuum und dessen Entscheidungsspielraum. Aufgabe der Wissenschaft sei es, die Wahrheit über die Gesellschaft zu erfahren: welche Folgen gesellschaftliches Handeln hat. Sie könne aber keine Antworten auf die moralische Richtigkeit dieses Handelns geben, könne keine Werte vorgeben, nach denen wir unser Handeln zu richten hätten.

Georg Simmel (1868-1918) betonte den prozeßhaften Charakter der Gesellschaft, indem er sie als Summe andauernder Wechselwirkungen beschrieb, und drückte dies mit dem Begriff »Vergesellschaftung« aus. Er betrachtete die Soziologie auch nicht als Königin der Wissenschaften, sondern als Dienerin, als Hilfsmittel für andere Wissenschaften. Das Prinzip der Wechselwirkungen bestimmt auch den Lauf der Geschichte als permanentes Ping-Pong zwischen »materiellen und ideellen Faktoren«. In seiner »Philosophie des Geldes« analysiert er die Folgen der durch das Tauschmittel »Geld« geförderten zunehmenden Arbeitsteilung: Der wachsenden individuellen Handlungsfreiheit stehen anonyme Kontakte gegenüber, weil Menschen zunehmend auf die »Funktion« reduziert werden, die sie ausüben: Die durch das Geld zunehmend rationalisierten Beziehungen sind für die Entfremdung der Menschen verantwortlich.

Angelehnt an die Ideen von Karl Marx entstand im Kreis von **Max Horkheimer (1895-1973)** und seinen Kollegen der **Frankfurter Schule** die **Kritische Theorie**. Die Hauptwerke erschienen während ihrer Emigration aus dem faschistischen Deutschland. Berühmt wurde »Die Dialektik der Aufklärung«, die 1943 erschien. Zusammen mit seinem Kollegen und Freund **Theodor W. Adorno (1903-1969)** vom **Frankfurter Institut für Sozialforschung** verwies er auf die negativen Entwicklungen der Aufklärung, die Zusammenhänge zwischen Kapitalismus und Faschismus, sowie auf die Instrumentalisierung der Wissenschaft als Herrschaftsinstrument. Die Kritische Theorie wurde vor allem auch von den »unruhigen« 68er Studenten aufgegriffen.

Mit der amerikanischen Soziologie erlangte die empirische Sozialforschung größeren Einfluß. Von Durkheim beeinflußt, entwickelte **Talcott Parsons (1902-1979)** eine **Systemtheorie**, die unter der Bezeichnung Struktur-Funktionalismus die soziologischen Auseinandersetzungen der 50er Jahre dominierte. Parsons entfernt sich vom individuellen Ansatz der Soziologie und betrachtet Gesellschaft als System, dessen einzelne Teilsysteme in Wechselbeziehung stehen. Elemente eines Gesellschaftssystems wirken entweder systemstabilisierend (funktional) oder destabilisierend (dysfunktional). Dabei wird das Verhalten der Einzelnen von den Erwartungen der Elemente (Familie, Betrieb, Parlament) beeinflußt, zu denen sie gehören. Parsons interessierte sich weniger für den geschichtlichen Prozeß und den gesellschaftlichen Wandel, als vielmehr für die aktuelle und dauerhafte Stabilität einer Gesellschaft.

Auf diese Konzepte gehen die meisten im Laufe des 20. Jahrhunderts erdachten Ansätze zurück. Deshalb führen wir die Entwicklung der Soziologie bis zum jetzigen Zeitpunkt an dieser Stelle nicht weiter, kommen aber auf die eine oder andere Theorie im Laufe des Buches zu sprechen. Wichtig zu wissen ist, daß die Theorien aus verschiedenen sozialen Eindrücken heraus entstanden und oft auch die Gefühle der Soziologen widerspiegelten, ob sie nun eher optimistisch oder pessimistisch waren.

2.4 Eine kleine Geschichte des Soziologie-Studiums in Deutschland

Vor dem ersten Weltkrieg wurden an einigen Unis soziologische Vorlesungen gehalten, Soziologie existierte aber nicht als eigene Studienrichtung. Vielmehr waren es die Dozenten der Nachbarwissenschaften Philosophie, Recht oder Wirtschaft, die den Studenten einen anderen Blickwinkel auf die Gesellschaft anboten. In den 20er Jahren wurden in verschiedenen Städten Forschungsinstitute gegründet, z.B. in Köln oder Frankfurt, von wo aus die Soziologie als Studienfach in die Unis zog. Doch bald fingen die akademischen Herren ganz fürchterlich an zu streiten, weil sie sich nicht einigen konnten, was Soziologie denn eigentlich sei und an welcher Fakultät es unterrichtet werden sollte. Schließlich wurde Soziologie relativ willkürlich fast ausschließlich im Rahmen anderer Studiengänge vermittelt, je nach Ort und Interesse.

Weniger Spaß an der Soziologie hatten die Nazis. Für sie durfte es nur eine nationalsozialistische Soziologie geben. Sie trieben die Vetreter kritischer, vor allem marxistischer Positionen in die Emigration. Leider gab es auch Soziologen, die sich mit dem völkischen Stumpfsinn arrangieren konnten und korrekt-deutsche Soziologie betrieben. Das bedeutete freilich den wissenschaftlichen Abgang der Soziologie, denn der Geist emigrierte.

Nach dem »1000jährigen« Elend arbeiteten die zurückgekehrten Soziologen vor allem in außeruniversitären Einrichtungen. Den Unis fehlte zunächst das Personal, die interessierten Studenten zu unterrichten. Erst nach und nach fanden die Soziologen den Weg an die Hochschulen, um sich dort als eigenständiges Fach zu etablieren. Eigenständig hieß aber nicht einig, und so kam es, daß die Soziologie sich von diesem Neubeginn an in zahlreichen unterschiedlich ausgerichteten »Schulen« entwickelte. Mitte der 60er Jahre fing die Soziologie an, sich an den Hochschulen auszubreiten, und sie wurde im Zuge studentischen Aufbegehrens zu einem »Modefach«. Die Soziologie als Gesellschaftskritik ist aus der »wilden« Zeit Ende der 60er nicht wegzudenken. Einer der damals prominentesten Soziologie-Studenten war **Rudi Dutschke (1940-1979)**, der »Studentenführer« und APO-Promoter, der 1979 an den Spätfolgen eines Attentats starb. Ein ehemaliger Fremdenlegionär und Bildzeitungsleser hatte 1968 auf Dutschke geschossen.

In der Folgezeit spaltete sich die Soziologie in eine eher marxistisch orientierte kritische »Kulturphilosophie« und einen empirischen »Datensammlungsverein«, die sich gegenseitig der ideologischen Verbohrtheit beschimpften. Inzwischen hat sich das alles einigermaßen beruhigt und nun rudert die Soziologie einträchtig mit ihren Kolleginnen im seichten universitären Gewässer und wartet auf eine frische Brise engagierter Dozenten und Studenten.

3. Das Individuum

Das Leben des Menschen kann nicht gelebt werden, indem die Verhaltensmuster der Gattung einfach nur wiederholt werden – jeder einzelne muß es selbst leben. Der Mensch ist das einzige Lebewesen, das sich langweilt, unzufrieden ist und sich aus dem Paradies ausgeschlossen glaubt.

Erich Fromm

In diesem Kapitel wollen wir dem Individuum, der »kleinsten gesellschaftlichen Einheit«, auf seiner Entdeckungsreise durch das Wunderland Gesellschaft folgen und herausarbeiten, wie aus dem biologischen »Mängelwesen« (Arnold Gehlen) Mensch ein Kulturproduzent wird.

3.1 Der soziale Rahmen eines scheinbar individuellen Entschlusses

Alles ist so still um mich her, und so ruhig meine Seele. Ich danke dir, Gott, der du diesen letzten Augenblicken diese Wärme, diese Kraft schenkest. (...) Hier Lotte! Ich schaudre nicht, den kalten, schrecklichen Kelch zu fassen, aus dem ich den Taumel des Todes trinken soll! Du reichtest mir ihn, und ich zage nicht. All! all! So sind alle die Wünsche und Hoffnungen meines Lebens erfüllt! So kalt, so starr an der ehenen Pforte des Todes anzuklopfen.

Johann Wolfgang von Goethe

Goethes *Werther* beendet seine Leiden mit einem Schuß aus der Pistole. Ein ebenso berühmter wie folgenreicher Suizid in der Literaturgeschichte: 1774 veröffentlicht, hat das Buch zahlreiche Romantiker ermutigt, ihre Gefühle freizusetzen und diesen über die Grenzen des Todes zu folgen.

»In der Bundesrepublik Deutschland stirbt im Durchschnitt alle 30 Minuten ein Mensch durch eigene Hand.« Dieser Satz steht in einem Artikel über »Emotionen und suizidale Handlungen von Jugendlichen«. Wer sind diejenigen, die Hand an sich legen? Ausgebootete Einzelgänger? Liebesverkümmerte Steppenwölfe? Ewige Verlierer?

Ruhmsüchtige Stars, die selbst ihren Tod noch inszenieren wollen? Sie begleiten uns durch Literatur und Geschichte: Cleopatra, Werther, Tucholsky, Kurt Cobain.

Ganz gleich, was über Selbsttöter und ihr Schicksal zu hören ist, ihre Entscheidung trägt immer den Schleier des Persönlichen. Sie gelten als Verzweiflungstäter, die ihr Leben nicht mehr zu tragen gewillt sind. Die Erklärungsversuche konzentrieren sich auf das Individuum. Es scheint immer Menschen zu treffen, die mit den Schwierigkeiten des Lebens nicht fertig werden, die alles zu tragisch sehen, einfach zu labil sind. Im Alltagsverständnis mag vieles davon zutreffen. Soziologen erspähen jedoch eine ganz andere Sicht auf den Sprung in die Tiefe. Sie sehen sowohl den Einfluß des engen Kreises der Personen, mit denen der Suizidant Kontakt hatte, als auch der weiter gefaßten kulturellen Rahmenbedingungen, vor denen der Entschluß zum Sch(l)uß gefaßt wird.

Ein Pionier der Suizid-Forschung wie auch der Soziologie, Emile Durkheim, hat in seiner klassischen Studie »Le suicide« (1897) mit Hilfe von Statistiken herausgefunden, daß Protestanten sich häufiger das Leben nehmen als Katholiken, Ledige häufiger als Verheiratete, Soldaten öfter als Zivilisten, daß die Zahl der Suizide in Friedenszeiten höher war als in Kriegszeiten, und sowohl in Phasen wirtschaftlicher Hochkonjunktur als auch in der Rezession höher als in Phasen wirtschaftlicher Stabilität. Wäre der Suizid wirklich eine so intime persönliche Entscheidung, unabhängig von äußeren Faktoren, dann müßte die Zahl der Suizide statistisch gleichmäßig verteilt sein. Es wäre dann nicht nachvollziehbar, wieso Protestanten sich häufiger das Leben nehmen als Katholiken, unabhängig davon, ob sie arm oder reich sind, in Kriegs- oder Friedenszeiten leben. Jedoch führte Durkheim die unterschiedlichen Suizidraten nicht direkt auf die Konfession zurück, sondern auf die Einbindung der Menschen in die Gemeinschaft, die bei den Katholiken stärker sei als bei den Protestanten.

Durkheim ordnet den »Selbstmord« verschiedenen gesellschaftlichen Rahmenbedingungen zu. Er unterscheidet drei Typen:

▶ Egoistischer Selbstmord: Tritt besonders in Gesellschaften auf, die den Einzelnen zu wenig integrieren (z.B. europäische Industriestaaten), worauf dieser sich »zurückzieht«.

▶ Altruistischer (selbstloser) Selbstmord: Vollzieht sich vor dem Hintergrund sehr starker traditioneller Einbindung in die Familie, wobei der Einzelne sich opfert, wenn es von ihm erwartet wird (z.B. Kamikaze-Flieger im 2. Weltkrieg).

▶ Anomischer Selbstmord: Häuft sich in Zeiten großer gesellschaftlichen Veränderungen, in denen Werte und Normen ihre Bedeutung verlieren, wodurch den Einzelnen ein Gefühl der Sinnlosigkeit des Handelns ergreift.

»Fein«, wäre da einzuwenden, »und wem ist damit geholfen?« Aus diesen Forschungsresultaten läßt sich folgern, daß individuelle Entscheidungen nicht loszulösen sind von der sozialen und kulturellen Welt, die jeden Menschen umgibt. In jeder Gesellschaft wirken Einflüsse, die den Entscheidungsspielraum des Individuums einschränken. Mit diesem Zusammenhang zwischen dem Erleben und Handeln Einzelner und ihrer sozialen Umwelt beschäftigt sich die Soziologie.

In den folgenden Abschnitten geht es um das Hineinwachsen des Individuums in die Gesellschaft, um das Erlernen von Spielregeln und die Kontrolle ihrer Einhaltung.

3.2   Denn sie wissen nicht, was sie tun: Die Sozialisation

»Die Biographie des Individuums ist vom Augenblick seiner Geburt an die Geschichte seiner Beziehungen zu anderen.«

Brigitte und Peter L. Berger

Unter **Sozialisation** versteht man jenen langwierigen Prozeß, in dessen Verlauf ein Mensch in die Gesellschaft eingebunden wird, ihre Heiligtümer und Höflichkeiten, ihre Tausch- und Rausch-Rituale, ihre Sprache und Symbolik, ihre Strafen und Belohnungen kennenlernt und sich ihre Bedeutung aneignet: Von der Ampel bis zum Stinkefinger, vom Schlangestehen bis zum Zuchthaus, vom Unterdrücken der Wut bis zum Liebesbrief, vom Lügen bis zum Zähneputzen. Dadurch wird er ein Mitglied der Gesellschaft. Welche verschiedenen Einflüsse ein Leben lang auf einen Menschen prasseln, wie sie wirken, wie tief sie einsickern, das wird im Rahmen der Sozialisationsforschung untersucht.

Für Soziologen ist es gar nicht so interessant, woher der Mensch eigentlich kommt. Ob er vom Affen abstammt oder von Gott oder von beiden, das sind Themen, die in erster Linie für Biologen, Theologen oder Philosophen spannend sind. Soziologen interessiert viel mehr, wie die Gesellschaften enstanden sind, in denen sich der Mensch heute bewegt, welche Bereiche des menschlichen Handelns »natürlich« (genetisch veranlagt) und welche »erlernt«, »anerzogen« oder Folgen der unbewußten Wahrnehmung der Umwelt sind. Warum verhält sich Politiker Peter in seinem Büro völlig anders, als in seiner Familie, an seinem Info-Stand oder im Bordell? Warum weichen viele Leute in bestimmten Situationen nicht von ihrem »eingefleischten« Verhalten ab?

Wieviel Entscheidungsfreiheit bleibt Frau Hauer und Herrn Lipp in einer Umwelt voll von Menschen und deren Erwartungen, Institutionen und Regeln? Sind sie Produkte ihrer Erziehung, Spiegelbild ihrer Umwelt? Oder können sie »nein« sagen, wenn »ja« von ihnen erwartet wird? Ob jemand Gefangener oder sogar Opfer seiner Sozialisation ist, wird auch in der Praxis bedeutend, z.B. vor Gericht, wenn die Schuldfähigkeit eines Täters festgestellt werden soll.

Wenn Kinder in die Gesellschaft eingebunden – sozialisiert – werden, gleicht das ein bißchen dem biologischen Erwachsenwerden. Es ist ein Reifeprozeß, an dessen Ende mehr oder weniger gleichförmige Mitglieder der Gesellschaft stehen, Erwachsene eben, wie sie täglich auf der Straße beim Vollzug ihres Lebens anzutreffen sind. Die ersten Stücke dieses Spaziergangs in die Welt der Erwachsenen schreitet das Kind ab, ohne zu wissen, wie und was ihm geschieht: Sprechen, schreiben, lesen, logisches Denken, Aufschieben von Bedürfnisbefriedigung und nicht zuletzt das Denken in Vorteil- und Nachteilkategorien und damit verbunden das Relativieren von Wahrheit werden zum Handwerkszeug. Das geschieht meist, bevor Ordnungsprinzipien und deren Sinn, Normen und Werte in ihrer Funktion für die Gesellschaft verstanden und eingesehen werden. Kinder ahmen ihre Eltern und andere Erwachsene nach, wenn sie Puppendoktor spielen oder ihre selbstgemalten Blumenbeete gießen. Bevor sie wissen, was sie tun, sind die Kinder zu halben Erwachsenen mutiert.

Eines Tages begreift die kleine Vroni, daß sie nicht nur selbst die Dienstleistungen der Eltern anfordern kann, indem sie ihre Bedürfnisse durch Geräusche und Mimik äußert, sondern daß auch sie Erwartungen ausgesetzt ist. Der Zeitraum, in dem Vroni ihre Forderungen diskussionslos durchsetzt, erstreckt sich nur solange, bis sie sich dessen bewußt wird. Davor waren es ihre Veranlagungen, die sie ganz automatisch über die Runden gebracht haben. Doch die Eltern versuchen sehr bald, sie mit Leistungsverweigerungen und Bedingungen, die sie an Vronis Benehmen knüpfen, zu erziehen.

Vronis Eltern und ihre Geschwister bilden den ersten Raum ihres Erlebens. Sie tauchen in allen Bereichen auf: Spielen, essen, waschen, selbst auf dem Klo ist Vroni nicht allein.

Wenn Vroni in die Schule kommt, lernt sie bald, daß sie sich dort ganz anders verhalten muß als in in ihrer Familie. Zwar ist weinen in der Schule nicht verboten, aber Vroni wird sehr bald merken, daß diese Form, sich zu äußern, nicht gefragt ist. Sie soll ihre Probleme in klaren Sätzen vortragen – Subjekt, Prädikat, Objekt – und dazu noch eine schlüssige Begründung liefern: »Ich verspüre Schmerzen, weil mein Bank-Nachbar Jochen ein Geodreieck in meinen Rücken gestochen hat.« Es ist auch niemand mehr zuständig, um Vroni auf den Arm zu nehmen, und das Essen muß sie auch noch selbst mitbringen. Nach und nach weitet sich Vronis Welt, endet nicht mehr am Spielplatz oder an der Wohnungstür. Neue Gesichter kommen in der Form bestimmten **Rollenverhaltens** (Lehrerin, Bäcker, Ärztin) hinzu. Vroni verstaut sie als »Berufe« in ihrer Wahrnehmungs-Schublade.

Sozialisation beginnt zwar meistens in der Familie, setzt sich aber parallel dazu und hinterher in anderen sozialen Räumen fort. Überall wo das Kind hinkommt, lernt es, sich am Verhalten der anderen zu orientieren, sei es im Kindergarten, im Pauk-Club, am Spielplatz oder im Supermarkt. Diese Einrichtungen erklären den Kids die Spielregeln der Gesellschaft. Das passiert nicht überall so bewußt, wie in der Schule. Denn Ruth und Boris spielen nicht miteinander Fußball, um sich über gesellschaftliche Umgangsformen fortzubilden, sondern weil sie Lothar Matthäus nacheifern. Trotzdem lernen sie beim Spiel gewisse Verhaltensweisen, die sie auch im richtigen Leben brauchen: Versteckte Fouls oder schnelles Laufen. Klar, daß

Kinder völlig unterschiedliche Eindrücke von den Spielregeln der Gesellschaft gewinnen (soziologisch **Normen** genannt), je nachdem, wem sie gerade begegnen.

Gruppen und einzelne Personen, aber auch **Institutionen**, die bewußt oder unbewußt zur Sozialisation beitragen, werden als **Sozialisationsinstanzen** bezeichnet. In modernen Gesellschaften sind es vor allem Familie, Schule, **Gleichaltrigengruppen (peer-groups)** und die Medien. Der Einfluß der Sozialisationsinstanzen hängt stark vom Alter des betroffenen Individuums ab. Kindheit und Jugend gelten als wichtigste Phasen.

Die Sozialisationsinstanzen bedienen sich nicht nur unterschiedlicher Mechanismen, sondern vermitteln manchmal unterschiedliche Werte. In der peer-group ist es wichtig, daß Vroni im Supermarkt eine Packung Schokoriegel klaut, damit sie die Bande versorgen kann und Bandenchefin Ruth sie nicht »Armleuchter« nennt. Dagegen predigen ihre Eltern, daß Klauen unmoralisch ist und daß sie bei der nächsten Taschengeld-Debatte bestenfalls mit einem Nullwachstum zu rechnen habe, wenn sie sich beim Klauen erwischen läßt. Hier handelt es sich um konkurrierende Sozialisationsinstanzen. Es gibt nun für Vroni kein grundsätzlich richtiges Verhalten mehr, sondern nur noch situationsbedingt richtiges Verhalten. Konflikte zwischen den Sozialisationsinstanzen und konkurrierende Erwartungen spalten das Individuum: Es eignet sich verschiedene Verhaltensmuster an, die sich für die jeweilige Situation als angebracht erweisen.

Hat Vroni endlich eingesehen, daß die Normen und Verhaltensweisen, die ihr beigebracht wurden, nicht nur traditioneller Etikettenkram sind, dann hat sie diese internalisiert. Sie empfindet sie aus sich heraus als vernünftig und sinnvoll. Das gleiche gilt natürlich für die Forderungen ihrer Bande: Wenn Vroni überzeugt ist, daß es auch einen urbanen Robin Hood geben muß, der die Supermärkte der Stadt plündert und die Schokoriegel unter den Kids verteilt, hat sie die Banden-Normen internalisiert.

3.3   Soziale Rollen und soziales Handeln

Wenn das Zusammenleben funktionieren soll, müssen viele Handlungen standardisiert sein. Dadurch, daß es jedem Menschen möglich ist, das Verhalten der anderen Menschen in bestimmten Situationen vorauszuahnen, kann er seine **Verhaltenserwartungen** danach richten. Etwas weniger soziologisch ausgedrückt: Martina richtet ihr Verhalten nach dem Verhalten, das sie von anderen Menschen
erwartet. Sie kann davon ausgehen, daß der Verkäufer an der Aldi-
Kasse, das Bier, das sie auf das Fließband gestellt hat, nicht aufmacht
und austrinkt, sondern, daß er den Preis in die Kasse tippt und das
Geld, das sie ihm anbietet, in die Kasse schiebt. Diese Verhaltenserwartungen und ihre weitgehend automatisierte Einhaltung machen
das Leben nicht nur langweiliger, sondern erleichtern es uns, auch
andere Aufgaben anzunehmen. Dies ermöglicht überhaupt erst eine
komplexere Form gesellschaftlichen Zusammenlebens. Verhaltenserwartungen, die mit einem bestimmten Beruf, mit einer bestimmten
Position, manchmal aber auch mit einem bestimmten Alter einhergehen, nennen die Soziologen soziale Rollen. Dieses Rollenkonzept
hilft, die Vielzahl von Verhaltensmöglichkeiten nach bestimmten
Kriterien zu sortieren. Wie jede Wissenschaft hat auch die Soziologie
einen großen Ordnungsdrang: Ordnung als eine Grundlage des Ver-
stehens.

Die Eingliederung in die Gesellschaft erfolgt, wie bereits angedeutet,
schrittweise: Nach und nach lernt das Kind, die Umwelt zu differen-
zieren. Während die Eltern anfangs noch für fast alles zuständig
sind, was das Kind betrifft, kommen immer mehr Instanzen hinzu,
die sich verschiedene Spezialbereiche aufteilen und dem Kind klar-
machen, daß es sich selbst in verschiedene Rollen zu spalten hat.
Das Kind als Schüler wird mit anderen Erwartungen konfrontiert als
das Kind beim Cowboy- und Indianerspiel im Sandkasten. Das kann
oft zu völlig entgegengesetzten Verhaltensmustern führen.

Wenn Boris beim Indianerspielen von einem Schuß aus Ruths Flinte
getroffen wird, sollte er eigentlich umfallen, damit Ruth nicht die
Lust am Spielen verliert. Erschießt sie ihn aber im Klassenzimmer,
könnte es Ärger mit Lehrer Stumpf geben, der sich um die Früchte
seiner Religionspädagogik gebracht sieht. Ein solches Dilemma nen-

nen die Soziologen Rollenkonflikt, wobei sie noch einmal unterscheiden zwischen Inter- und Intra-Rollenkonflikt.

Inter-Rollenkonflikt meint den Konflikt, der entstehen kann, wenn eine Person mehreren Rollen gerecht werden soll, die jeweils mit gegensätzlichen oder konkurrierenden Erwartungen belegt sind. Das wäre der Fall für Boris, der einerseits als Schüler ein möglichst streßfreies Verhältnis zu seinem Lehrer Stumpf haben will, andererseits als erschossener Cowboy vom Stuhl fallen muß, will er nicht als Spaßbremse erscheinen.

Intra-Rollenkonflikt beschreibt dagegen die Widersprüche in ein und derselben Rolle, das heißt, wenn Boris in seiner Rolle als Cowboy einerseits entsprechend den Spielregeln vom Stuhl fallen müßte (Erwartung, die Ruth an ihn richtet), andererseits als Cowboy auch besonders cool sein muß und sich nicht erschießen lassen darf (Erwartung, die seine Cowboy-Freunde an ihn richten).

Wer sich mit Rollenerwartungen mal praktisch auseinandersetzen und sehen will, was passiert, wenn die Erwartungen nicht erfüllt werden, dem empfehlen wir, nach der Lektüre von Harold Garfinkels »Studien über die Routinegrundlagen von Alltagshandeln« die dort beschriebenen Experimente selbst einmal auszuprobieren. So können ungeahnte Ausmaße an Verwirrung heraufbeschworen werden. Man muß keine (physische) Gewalt anwenden oder grob gegen Sittlichkeitsnormen verstoßen, um die Leute verrückt zu machen. Es geht viel einfacher: Nach Hause gehen und die Eltern wie Fremde behandeln, beim Hinsetzen zögern, nach dem Essen nach der Rechnung fragen, die Eltern mit »Sie« ansprechen. Das mag anfangs noch zu heiteren Gesten führen, aber wenn es konsequent einige Zeit durchgeführt wird, kann der Rollenträger auch in einer Zwangsjacke enden.

Die Bezeichnung »Rollen« für bestimmte, vorhersehbare Verhaltensprogramme bringt ein bißchen Tragik mit sich. Wenn man an das Theater denkt – dort haben die Soziologen diesen Begriff abgestaubt – sind Rollen ja etwas gespieltes, unechtes, etwas was zur Erheiterung oder zur Gedankenanregung dargeboten wird. Dagegen sind die Rollen in richtigen Leben gar nicht immer so spielerhaft und austauschbar. Nehmen wir Boris von vorhin: Wenn er keine Lust mehr hat, Cowboy und Indianer zu spielen, kann er ja einfach aufhören. Aber seine Schülerrolle hinzuschmeißen, wenn sie ihn langweilt oder er Ärger mit dem »Religions-Regisseur« hat, wird wohl ohne unangenehme Reaktionen seiner **Bezugsgruppen** (Gruppen, die Erwartungen an ihn als Träger der Schüler-Rolle haben: Lehrer, Eltern) kaum zu arrangieren sein.

Als letztes bedeutsames Kriterium ist die schon angesprochene Freiwilligkeit einer Rolle, bzw. als deren Voraussetzung eine **soziale Position** (z.B. Geschlecht oder Beruf) zu nennen. Soziale Rollen sind somit Verhaltenserwartungen, mit denen Menschen in sozialen Positionen konfrontiert werden. Soziologen trennen begrifflich zwischen **zugeschriebenen** und **erworbenen Rollen** bzw. **Positionen**. Das Geschlecht oder die Hautfarbe ist eine zugeschriebene Position, da ein Mensch keinen Einfluß darauf hat, ob er als Junge oder Mädchen, mit dunkler oder heller Haut zur Welt kommt. Berufe sind dagegen erworbene Positionen: Wenn auch nicht jeder Mensch frei wählen kann, wo und was er arbeitet, so haben die meisten dennoch Wahlmöglichkeiten und werden nicht als Kanzler oder Krankenschwester geboren. Das hat sich im Laufe der Zeiten gewandelt. Früher waren sehr viel mehr Bereiche zugeschrieben als die »natürlichen« Positionen Geschlecht oder Alter. Beispielsweise konnten Beruf, soziale Schicht, Religion oder Kastenzugehörigkeit vererbt werden. Das Schicksal der Eltern bestimmte auch das Schicksal der Kinder. Das hat sich je nach Kultur verändert, dennoch wissen vor allem die Soziologen, daß eine absolute Chancengleichheit, wie sie von manchen gerne propagiert wird, auch in unserer Gesellschaft nicht existiert und nie existiert hat. Trotz aller Bildungsreformversuche in den 70er Jahren sind es immer noch überwiegend Kinder, deren Eltern beruflich Selbständige oder Beamte sind, die die Universitäten bevölkern. Kinder aus Arbeiterfamilien sind, verglichen mit ihrem zahlenmäßigen Anteil an einem Jahrgang, eher eine Minderheit an den Unis. Auf diese Problematik kommen wir später zurück (Abschnitt 5.2. Bildung und Chancen).

All diese soziologischen (Grund-) Begriffe sind notwendig, um die sozialen Zusammenhänge sichtbar zu machen und bestimmte Sachverhalte sinnvoll zu verknüpfen. Wenn soziale Ungleichheit untersucht wird, reicht es nicht aus, die Sprossenhöhe der sozialen Leiter zu messen, auf der sich jemand befindet, sondern es ist wichtig zu wissen, wieviel Chancen ein Individuum oder eine bestimmte soziale Gruppe auf das Erreichen dieser Position hat.

3.4   Soziale Normen

Das Leben des Menschen ist immer auf andere Menschen gerichtet. Nur durch andere kann ein Mensch sich selbst erfahren, sich selbst als Mensch begreifen. Seine Identität, seine Vorstellungen von Sinn, alles wonach sich sein Handeln richtet, entsteht durch die Begegnung mit anderen Menschen. Das Individuum, das sich selbst als solches begreift, ist deshalb nicht denkbar ohne die Gesellschaft, die es umgibt und in der es sich widerspiegelt.

Normen verallgemeinern, »normieren« Verhaltensweisen, machen Situationen berechenbar und schränken den Handlungsspielraum der Beteiligten ein. Viele Normen sind verinnerlicht, was dem Staat oder anderen Ordnungsinstanzen eine Menge Verkehrszeichen und »Eltern haften für ihre Kinder«-Schilder erspart. Diese Normen werden äußerst früh im Leben vermittelt, sind ein Teil der Sozialisation. Bevor die Kids alleine in die Gesellschaft gelassen werden, haben sie schon die gängigsten Normen verinnerlicht. Wer ein paarmal mit Vater oder Mutter beim Einkaufen war, weiß meistens, daß im Supermarkt zwar allerhand gepflückt werden kann, aber an der Kasse Bares gefragt ist. Und jeder, der in einer Gesellschaft groß geworden ist, hat gewisse Standards, die sein eigenes Handeln bestimmen und das der anderen einschätzbar machen. Das ist nur möglich, wenn alle Beteiligten weitgehend die gleichen Vorstellungen haben.

Auch hier gibt es verschiedene Stufen, je nachdem wie diese Normen jeweils bewertet werden. Ähnlich der Erwartungen an Rollenverhalten wird genau unterschieden: **Kann-Normen** (z.B. Bräuche), **Soll-Normen** (z.B. Sitten, wie in der Reihe anstellen) und **Muß-Normen** (wie z.B. Gesetze). Aber die Unterscheidung von Normen nach deren Verbindlichkeit ist nur eine denkbare Art. Sie könnten auch nach dem Bereich ihrer Gültigkeit (für wen treffen sie zu) und dem Grad der Verinnerlichung unterschieden werden.

Aber Soziologen geben sich bekanntlich mit dem Beschreiben gesellschaftlicher Phänomene nicht zufrieden. Sie wollen außerdem wissen, wie diese Normen entstanden sind, warum sich so viele an diesen Normen orientieren und was dazu führt, daß sich diese Normen eines Tages ändern. So hängt es beispielsweise von der jeweiligen Kultur ab, ob Homosexualität gegen die Sitten verstößt oder nicht, als unnatürlich empfunden wird oder, wie Goethe meint, so alt wie die Menschheit und deshalb natürlich sei. Und selbst innerhalb einer Kultur kann sich die Einstellung gegenüber Homosexualität ändern, kann es durch Wandel dazu kommen, daß einst gesetzeswidrige Sittenvergehen nicht mehr als solche empfunden werden. Ein solcher Einstellungswandel betrifft aber oft nur einen Teil der Bevölkerung.

Zwar haben Bräuche in manchen Kulturkreisen eine große Bedeutung, trotzdem ist die Teilnahme daran selten verbindlich. Brauchtümer werden jedoch kaum hinterfragt. Meistens sind es Verhaltensweisen, denen bei ihrem Entstehen durchaus eine gewisse Absicht zugrundegelegt war, vielleicht religiös oder mythisch begründet, die in die jetzige Zeit aber unreflektiert übernommen wurden. Eine für Außenstehende seltsame Handlung, die nicht erklärt werden kann, wird oft als Brauch bezeichnet. Eine wahre Fundgrube an Kann-Normen liefert der gute alte Knigge.

Soziologen sind äußerst unbequeme Menschen, weil sie, wie kleine Kinder, immer alles wissen wollen. »Warum?« ist ihre Lieblingsfrage. Ihnen genügt es auch nicht zu wissen, daß ein bestimmtes Verhalten auf einem Brauch beruht, sondern sie wollen wissen, was es mit dem Brauch auf sich hat und warum dieser Brauch immer noch ausgeübt wird.

Jeder einzelne weiß ungefähr, wie andere auf sein Handeln reagieren oder wie er auf das Handeln anderer reagieren soll. Dieses Handeln richtet sich nicht nur nach ökonomischen Maßstäben – wie erreiche ich mein Ziel mit dem geringsten Aufwand? – sondern folgt einer gewissen Werthaltung, in der sich die gesellschaftlichen Normen widerspiegeln. Wer schon mal auf einer Beerdigung war, weiß, daß das Trauerteam eine ziemlich eigenartige Performance abliefert. Schwarze Trikots, Frauen mitunter verschleiert, überdurchschnittliches Tränenaufkommen, gespannte Gesichter, Blick nach unten, verwischte Schminke und so fort. Lachen oder Freude zu zeigen ist eher unerwüscht, selbst wenn es ehrlich wäre.

3.5   Soziale Kontrolle

Soziale Kontrolle äußert sich in Reaktionen auf **abweichendes Verhalten**. Ein Kind versteht meistens nicht, wieso es etwas nicht darf, warum Muttis Gesicht plötzlich voller Entsetzen ist, wenn es dem Ball auf der Straße hinterher läuft. Gerade noch vor einer Motorhaube gerettet, werden dem Kind verschiedene »Gefahr erkannt – Gefahr gebannt«-Formeln hinter die Ohren geschrieben. Solange es aber die Kausalzusammenhänge zwischen Auto, unvorsichtigem Auf-die-Straße-laufen und Verkehrsunfall nicht zu einer Erkenntniseinheit zusammenfügen kann, versuchen die Eltern, das Kind mit **Sanktionen** zu einer Verhaltensänderung zu bewegen. Bis zu einem bestimmmten Alter könnte man von Konditionierung sprechen, da das Kind nicht an der Straße stehen bleibt, weil es die ABC-Schützenformel kapiert hat, sondern weil es immer böse Blicke von Mutter erntet und vielleicht sogar eine physische Sanktionseinheit, Ohrfeige genannt, an sich verspürt. Soziale Kontrolle umfaßt aber ähnlich wie die Sozialisation nicht nur die Kindheit, sondern ist während des ganzen Lebens wirksam, überall dort, wo Menschen zusammenleben. Hier sei nur das Beispiel eines Altersheimes genannt, in dem eine Frau Besuch von einem jungen Mann hatte, was eine andere Frau veranlaßte, die ähnlich gesinnten andern Frauen auf dem Stockwerk zusammenzutrommeln, und das Paar mit einem gemeinsamen, laustarken »Pfui!« auf die moralische Fatalität ihrer Beziehung hinzuweisen. Soziale Kontrolle umfaßt alle jene Mechanismen, die darauf abzielen, die Mitglieder einer Gesellschaft bei der moralischen Stange zu halten, die also eine Einhaltung der Normen garantieren sollen. Da gibt es natürlich äußerst unterschiedliche Mittel, schon allein in ihrer Wirksamkeit.

Natürlich hätten Normenwächter (äußere Kontrollinstanzen) jeglicher Art allerhand zu pfeifen und zu notieren, gäbe es nicht die inneren Kontrollinstanzen. Sie werden mit der Sozialisation angeeignet und nehmen den Ordnern das meiste weg. In den Medien wird diese Selbstzensur die »Schere im Kopf« genannt. Aber während die Schere im Kopf der Journalisten sich nicht gerade demokratieförderlich auswirkt, weil sie der Meinungsfreiheit und anderen Grundsätzen (faire, ausgewogene Berichterstattung) entgegensteht, sind die inneren Kontrollinstanzen nicht nur, aber auch positiv zu sehen. Sie helfen, das Leben auf ein erträgliches Maß an Komplexität zu reduzieren, da nicht mehr jede Verhaltensweise, jeder Schritt bedacht werden muß. Durch Normierung und Berechenbarkeit wird die große Vielfalt von Verhaltensalternativen eingeschränkt.

3.6   Abweichendes Verhalten

Um nochmal auf die Pfui-Aktion zurückzukommen: Soziologisch gesehen war der Besuch des jungen Herrn bei der alten Dame und vor allem alles, was zwischen den beiden sonst noch abgelaufen sein mag, abweichendes Verhalten. Nicht, etwa weil es verboten war, sondern weil es dem sittlichen Denken der restlichen Damen zuwider lief. Abweichendes Verhalten richtet sich also nach den herrschenden Normen und Wertvorstellungen im jeweiligen Bezugsrahmen. Das kann sich von Kultur zu Kultur, von Ort zu Ort, von Familie zu Familie, unterscheiden. Bezugspunkt von abweichendem Verhalten ist immer eine Norm bzw. eine herrschende Normalität, von der ein bestimmtes Verhalten auffällig weit abweicht.

3.7   Sanktionen

Soziologen verstehen unter Sanktionen positive und negative Reaktionen auf abweichendes oder normentsprechendes Verhalten. Das Jubeln der Zuschauer, der erhobene Daumen des Trainers oder das Aufeinanderspringen des Teams, wenn ein Tor erzielt wurde, sind positive Sanktionen gegenüber einem erfolgreichen Torjäger. Soziale Sanktionen sind dafür gedacht, das Einhalten der Normen zu gewährleisten. Diese Sanktionen richten sich nach den Erwartungen, denen entsprochen oder nicht entsprochen wurde. Wenn irgendein Fußball-Club einen Spieler kauft, weil sie ihn für den ultimativen Spielmacher halten und sich davon den Gewinn der Meisterschaft versprechen, dieser aber im ständigen Formtief das Team nicht mal vorm Abstieg retten kann, heißt die Sanktionsformel des Vereins: Kofferpacken. Andere Spieler die vielleicht einen ähnlich geringen

Beitrag zum postiven Stand des Punktekontos leisten, müssen möglicherweise auf die Ersatzbank. Das obige Beispiel legt nahe, Sanktionen noch anders zu unterscheiden. Formelle Sanktionen sind festge-
legte Reaktionen von dazu bestimmten Einrichtungen: DIN-A6-For-
mulare unter dem Scheibenwischer, der Verweis vom Lehrer, Frei-
heitsstrafen, Gegendarstellungen. Zu informellen Sanktionen zählen
alle möglichen Formen der »Selbstjustiz«, so etwa wenn der Ab-
weichler schlechte Witze oder Ausgrenzung über sich ergehen lassen muß. Sie sind in der Regel weniger drastisch, können aber im
Extremfall sehr dramatisch werden, wie in *Martin Sperrs* Stück
»Jagdszenen in Niederbayern«, das das Scheitern eines Außenseiters
in einer Dorfgemeinschaft thematisiert.

4. Das soziale Umfeld

Nach einigen Grundbegriffen der Soziologie werden in diesem Kapitel die Erfahrungen des Individuums mit anderen Menschen konkreter dargestellt: Einem soziologischen Versuch über die Liebe folgen die sozialen Gruppen, die dem Individuum in der ein oder anderen Form begegnen werden. Als erste und bedeutendste sei die Familie vorgestellt. Sie ist die zentrale Vermittlungsinstanz zwischen Individuum und Gesellschaft. Anschließend geht es um die Bedeutung von Jugend und Alter für die Gesellschaft.

4.1 Der Kuß – Liebe im Spiegel der Analytiker

Liebe soll man nicht zu erklären versuchen. Aber was wären wir, wenn wir es nicht versuchten?

Per Olov Enquist

Liebe – lassen wir das Wort auf der Zunge zergehen. Welche Assoziationen werden da geweckt, welche Bilder malt dieses Wort in unseren Kopf? Je nach eigener Erfahrung kommen bei der einen vielleicht positive Gefühle auf, bei dem anderen eher schmerzhafte Erinnerungen und unerfüllte Hoffnungen. Es gehen auch die Meinungen darüber auseinander, ob es die Liebe auf den ersten Blick oder überhaupt die große Liebe fürs Leben gibt. Und wenn es um die Art der Partnerschaft geht, die aus diesem Gefühl heraus entstehen sollte, differieren die Ansichten ebenso stark. Auf jeden Fall handelt es sich um einen Begriff, der die meisten nicht kalt läßt.

Daniel, der sich gerade mit Lisa verkracht hat, sagt verbittert »Liebe ist nur ein Wort«, während Lisa es mit Herbert Grönemeyer hält: »Liebe klebt«. Noch vor einem Monat waren die beiden sich ziemlich darüber einig, daß sie vom schönsten Gefühl beglückt sind, das es überhaupt auf der Welt gibt, und daß erst diese beidseitige Empfindung das Leben wirklich lebenswert macht. Nach und nach bekam dieses anfangs so rosige Bild immer mehr Sprünge. Irgendwie fand Daniel, Lisa sei weniger aufmerksam und zugänglich. Wenn er sie dann fragte, wich sie in seinen Augen immer aus, schob es auf die Schule oder auf Zoff mit ihren Eltern. Für Lisa war am Anfang alles so einfach gewesen und sie mußte sich keine großen Gedanken darum machen, wie es nun zwischen ihr und Dany stand. Aber inzwischen drängte er sie dauernd so, richtig verfolgt kam sie sich manchmal vor.

Einige werden bei diesem Beispiel routiniert mit dem Kopf nicken, weil sie diese Standard-Abgänge aus eigener Erfahrung kennen. Aber warum sollte das ein Thema für die Soziologie sein? Hier geht es doch nun wirklich um die privaten Erfahrungen von zwei Einzelpersonen. Wenn das Phänomen allerdings von Seiten der Biologie untersucht wird – Liebe als Ausschüttung bestimmter Hormone –, Psychologie und Philosophie sich des großen Rätsels annehmen, dann kann die Soziologie da natürlich nicht hintanstehen.

Drei soziologische Näherungen an diese Thematik werden wir im folgenden vorstellen: Die erste Betrachtung ist an Denkweisen und Begriffen der Wirtschaftswissenschaften orientiert. Es folgt ein Ansatz, der zeigen soll, welche Konsequenzen für gegenwärtige Lebens- und Liebesformen aus dem sozialem Wandel entstehen. Schließlich noch ein sehr abstrakter Ansatz, um noch einmal zu zeigen, was aus an und für sich recht reizvollen Themen werden kann, wenn sie Soziologen überlassen werden.

4.1.1 Liebe als Tauschgeschäft

Der US-amerikanische Soziologe Peter M. Blau analysierte die Thematik 1964 in seinem Aufsatz »Exkurs über die Liebe« aus ökonomischer Sicht: Wie in allen sozialen Verbindungen findet er auch in Liebesbeziehungen Austauschprozesse. Die Besonderheit letzterer besteht jedoch darin, daß hier nicht eine Person der anderen etwas bietet, um selbst wiederum Vorteile zu erhalten, wie in anderen, rein zweckgerichteten Verhältnissen. Menschen werden in diesem Theorieansatz als Egoisten betrachtet, die mit allem, was sie tun, ihren Nutzen zu maximieren suchen. Auch wenn sie anderen einen Gefallen tun, bekommen sie letztlich etwas dafür – etwa ein gutes Gewissen oder auch Anerkennung. Wenn z.B. Rüdiger Toni seine Hausaufgaben abschreiben läßt, »schuldet« der ihm einen Gefallen, und sei es nur, daß er sich im Sportunterricht nicht wieder über ihn lustig macht. Während dieser Austausch von Belohnungen sonst der Grund ist, weshalb die betroffenen Personen überhaupt miteinander in Beziehung treten, ist er in der Liebe nur ein Zwischenschritt auf dem Weg zum eigentlichen Ziel, einer Bindung in einer Partnerschaft, so Blau.

In einer frühen Phase der Verliebtheit haben die Beteiligten zum einen Angst davor, zurückgewiesen zu werden, sollten sie ihre Gefühle preisgeben, zum anderen schrecken sie selbst vor der Abhängigkeit zurück, die sich durch die wachsende Anziehungskraft des oder der anderen ergibt. Je dringender sie aber der Zuneigung der anderen Person bedürfen, desto mehr müssen sie aus ihrer Deckung hervorkommen und ihr Interesse an einer Beziehung deutlich machen. Auch deshalb ist der weniger verliebte Part in der besseren Position. Dabei hängt – nach dieser Betrachtungsweise – der Grad der Zuneigung von dem Gewinn ab, den sich ein Partner von einer Beziehung mit dem anderen erhofft. Dieses Ziel setzt sich wiederum aus zwei Komponenten zusammen: Erstens aus den Erfahrungen, die schon mit dem erwünschten Lover gemacht wurden, beispielsweise bezüglich Entgegenkommen, Zärtlichkeit oder Sex. Ebenso wichtig ist aber zweitens der Wert, der diesen realen Erfahrungen beigemessen wird. Waren die unter Umständen sehr schönen Seiten des Zusammenseins zu leicht zu bekommen, sind sie weniger wert. Wenn er oder sie nämlich allzu leicht zu kriegen war, läßt das womöglich darauf schließen, daß es nicht viele andere Angebote gab. Ein wenig Widerstand gegenüber den Eroberungsversuchen läßt hingegen auf Alternativen schließen – und macht nochmal begehrenswerter. Hier entsteht nun ein Dilemma, das Blau zur damaligen Zeit vor allem auf der Seite der Frauen ausmachte: Während sie dem Mann einerseits etwas bieten muß, damit er sie begehrt, muß sie sich andererseits zurückhalten, damit ihre Angebote nicht an Wert verlieren. Dieses Dilemma macht heute aber sicher nicht nur Frauen zu schaffen. Vielleicht geht es genau um dieses Problem auch bei unseren Protagonisten Daniel und Lisa. Dany hätte unter Umständen mehr bei Lisa erreicht, hätte er sich beizeiten etwas rar gemacht, ihr seine Unabhängigkeit demonstriert. Dann wäre ihr möglicherweise aufgefallen, was sie an ihm hat, und sie hätte sich auch nicht bedrängt gefühlt.

Blau verweist im Rahmen seiner Argumentation auf die Studie »The Adolescent Society« seines Landsmannes James Coleman. Der hatte 1961 die soziale Struktur von Gruppen in US-amerikanischen Schulen untersucht und dabei die Funktion von Normen, insbesondere im Bereich sexueller Attraktion, demonstriert. Von den jungen Frauen dieser Schule wurde erwartet, daß sie dem Werben der jungen Männer nur in strategisch wohldosierten Portionen nachkamen. Coleman zeigt auch, daß sie diese Erwartung schon durch die Sozialisation im Elternhaus erfahren hatten. Verstöße wurden von den anderen Gruppenmitgliedern mit dem Verlust des »guten Rufs« und damit letztlich des sozialen Kontakts geahndet.

4.1.2 Liebe in der individualisierten Gesellschaft

Seit den Anfängen der Soziologie als Wissenschaft ist fortschreitende **Individualisierung** als Folge von **Modernisierung** schon häufig Untersuchungsgegenstand gewesen. Stärker als früher jedoch scheint der Begriff »Individualisierung« heute auch in außeruniversitäre Bereiche und selbst in die Alltagssprache Einzug gefunden zu haben. Ob in Talkshows über Sexualität gesprochen wird, Boulevardblätter über Reisetrends berichten oder Politiker über ihr Metier räsonieren, Individualisierung ist ein Thema.

Zwei der bekanntesten Vertreter der neueren deutschen Individualisierungstheorie, **Ulrich Beck** und **Elisabeth Beck-Gernsheim**, befassen sich seit einigen Jahren mit gegenwärtigen Individualisierungsprozessen, ihren Ursachen und Auswirkungen, und finden mit ihren Publikationen zu diesem Thema weite Beachtung auch über die Soziologie und die Sozialpsychologie hinaus. In einer ihrer gemeinsamen Veröffentlichungen »Das ganz normale Chaos der Liebe« untersuchen sie die Folgen fortschreitender gesellschaftlicher Modernisierung für die Liebes- und Geschlechterverhältnisse.

Mehrere Aspekte von Individualisierung werden in unzähligen Variationen wiederholt: Biographien werden aus traditionalen Vorgaben und Sicherheiten gelöst und damit in die Aufgaben- und Verantwortungsbereich der einzelnen Personen gelegt. Verglichen mit den Generationen vor uns haben wir eine Vielzahl von Möglichkeiten zur Lebensgestaltung. Die ständig neue Auswahl aus verschiedensten Alternativen – welche Ausbildung, welcher Job, welche Art der Freizeitgestaltung, der Konsumgewohnheiten usw. – bringt jedoch nicht nur neue Freiheiten mit sich. Die Kehrseite der Medaille sind neue Zwänge – alle diese Entscheidungen *müssen* gefällt werden – , vor allem aber entstehen neue Risiken und Frustrationen. Mit der Anzahl an Alternativen wächst leider auch die Möglichkeit, den schlechteren Weg zu wählen und nach einer Weile zu jammern »hätt' ich's damals nur anders gemacht«. Die Folgen dieser Entwicklung sind, wie es der Sozialpsychologe **Heiner Keupp** knapp auf den Punkt bringt, »riskante Chancen«. Dies gilt umso mehr für Liebesbeziehungen, wie Beck und Beck-Gernsheim in ihrem Buch zeigen, denn hier geht es ja sogar um die Entscheidungsalternativen *zweier* Menschen. Einerseits kann eine gute Beziehung eine Art heimatlichen Hafen darstellen, eine Zuflucht im individualisierten Dschungel, gerade in einer Zeit, in der früher uneingeschränkt gültige Normen und **Werte** ihre Bedeutung verlieren und Unsicherheiten zunehmen. Andererseits kann bei ständig geforderter Weiterentwicklung und Selbstverwirklichung eine andere Person, auf die Rücksicht genommen werden muß, leicht als unnötiger Ballast empfunden und irgendwann über Bord gekippt werden. Oder anders betrachtet: Wie hoch ist die Wahrscheinlichkeit, daß zwei Individuen mit einer Vielzahl an Entscheidungsmöglichkeiten über einen längeren Zeitraum hinweg beide dieselben Alternativen wählen? Die Ehe wäre demnach eine Institution der Vergangenheit, die Zukunft gehört der »Lebensabschnittspartnerschaft«.

4.1.3 Liebe als »gesellschaftliche Codierung von Intimität«

Die von Talcott Parsons entwickelte struktur-funktionalistische Systemtheorie haben wir in Kapitel 2.3 schon kurz erwähnt. Der Bielefelder Soziologe **Niklas Luhmann** griff Ende der 60er Jahre auf diesen Ansatz zurück und nahm eine Wendung zu einer funktional-strukturellen Systemtheorie vor: Standen bei Parsons bestimmte zentrale Strukturen von Systemen im Vordergrund, so gilt Luhmanns Augenmerk vor allem dem Begriff der »**Funktion**«. Die moderne Gesellschaft äußert sich für ihn nicht mehr durch die Aufteilung in soziale Rangordnungen (z.B Schicht, Status, Klasse), sondern durch eine Untergliederung in Funktionsbereiche (z.B. Wirtschaft, Politik, Wissenschaft, Religion). Luhmann trennt zwischen sozialen Systemen und personalen, psychischen Systemen:

1. Soziale Systeme: Handlungen mehrerer Personen sind »sinnhaft aufeinander bezogen« und dadurch »in ihrem Zusammenhang abgrenzbar von einer nicht dazugehörigen Umwelt«, z.B. eine Familie oder eine Regierung.

2. Personale, psychische Systeme: Individuen, die als nicht zu den sozialen Systemen zugehörig betrachtet, sondern deren Umwelt zugerechnet werden.

So zählen Anja und Dina als personale, psychische Systeme nicht zum sozialen System »Seminar«, sondern nur ihre Funktion als »Studentinnen«.

Wenn sich nun soziale Systeme nicht aus handelnden Personen als kleinsten Teilen zusammensetzen, woraus dann? Für Luhmann beziehen sich Systeme auf sich selbst, organisieren sich von innen heraus und bilden selbstbezügliche »Kommunikationszusammenhänge«, durch die sie sich wiederum von ihrer Umwelt abgrenzen. Soziale Systeme setzen sich also nicht aus handelnden Menschen zusammen, sondern – sehr abstrakt! – aus »Kommunikationen«. Aber hallo!

So geht es für Luhmann auch bei der Liebe nicht um romantische Gefühle von Individuen, sondern um »Codes«, wie sich Geld z.B. als Bewertungssystem in wirtschaftlichen Beziehungen auffassen läßt, Sprache als Laut- und Zeichensystem zum Zweck menschlicher Verständigung.

Gibt es also auch für intime Beziehungen einen gesellschaftlichen Liebescode im Sinne eines Zeichensystems? Luhmann hat für sein Buch »Liebe als Passion. Zur Codierung von Intimität« Quellen aus mehreren Jahrhunderten durchforstet. Sein Hauptaugenmerk liegt auf der galanten Liebe des siebzehnten und achtzehnten Jahrhunderts, er befaßt sich aber auch mit der Liebe der Romantik und der Gegenwart. Luhmann unterscheidet dabei zwischen einem allgemeinen formellen Code, analog dem des Geldes und der Sprache, und einer partiellen geschichtlichen Codierung von Liebesformen. Letztere unterzieht er einer genaueren Analyse, bestimmt einige Schlüsselzeichen für die Zeit der höfisch geprägten Liebe. An der für unser

Beispiel interessantesten Stelle, der Beschreibung gegenwärtiger Codierung von Liebesverhalten, hält sich Luhmann dann aber leider bedeckt. Ohnehin befaßt er sich nicht mit Bedürfnissen, Träumen und Erwartungen von Leuten wie Lisa und Dany, sondern »nur« mit Kommunikationen in Liebesbeziehungen ganz allgemein. Das hat ihm den Vorwurf eingebracht, er betreibe eine Soziologie ohne Menschen.

4.2   Soziale Gruppen

Die Soziologie schreibt sozialen Gruppen wichtige Funktionen für die Vermittlung zwischen Individuum und Gesellschaft zu. Erstens vermitteln sie dem einzelnen Normen und Werte, sanktionieren abweichendes Verhalten und sorgen für soziale Kontrolle. Zweitens beeinflussen und gestalten Gruppen auch gesellschaftliche Entwicklungen.

Eine wichtige Beschreibung der Bedeutung der sozialen Gruppe für den einzelnen findet sich bei dem Soziologen **Friedrich Tenbruck**:

> *»Unsere Stellung in und zu der Gesellschaft als Ganzem bemißt sich nach unserer Zugehörigkeit zu ihren Gruppen. Aufgaben und Anerkennung fließen uns unmittelbar aus unseren Gruppen zu. In ihnen erfüllt sich unser Leben. Wer in keiner Gruppe Anerkennung, Zuneigung, Lob findet, beginnt, an seinem Selbstwert zu zweifeln, mit eventuell schweren und dauernden psychischen Schäden.«*

Es gibt mannigfaltige Definitionen, was eine soziale Gruppe sei. Je nach theoretischer Ausrichtung des Autors werden jeweils verschiedene Aspekte betont. Als typische Merkmale einer Gruppe lassen sich die folgenden herausfiltern:

- Gemeinsames System von Normen und Werten

- Wechselseitige Beziehungen innerhalb der Gruppe

- Gemeinsame Ziele und Interessen

- Wir-Bewußtsein

- Verteilung verschiedener Rollen auf die Mitglieder

- Bestimmte Dauer und Kontinuität

❱ Bestimmte Form von Außenbeziehungen

4.2.1 Verschiedene Unterteilungen von Gruppen

Bei der Vielzahl an Kriterien, nach denen Gruppen untersucht werden können, gibt es natürlich auch verschiedenste Möglichkeiten, sie in Arten und Typen zu unterteilen – z.B. nach der Zahl ihrer Mitglieder in Klein- und Großgruppen. In ersterer kennen sich die Beteiligten untereinander, jeder kann mit jedem in Kontakt treten, wie das in einer Schulklasse der Fall ist. Bei der zweiten sind vor allem gemeinsame Vorstellungen oder Interessen Basis des Zusammenhalts – so werden ja auch im allgemeinen Sprachgebrauch Gewerkschaften und Arbeitgeberverbände als Interessengruppen bezeichnet.

Alle Arbeitnehmer zusammen machen allerdings noch keine Gruppe im soziologischen Sinn aus, hier spricht man von einer sozialen Kategorie. Erst wenn sich einige von ihnen für längere Zeit zusammentun, um bestimmte Ziele gemeinsam durchzusetzen, sich eine bestimmte Struktur geben, ist das der Fall. Eine Zwischenform ist das soziale Aggregat, dessen Mitglieder meist für kurze Zeit begrenzten Kontakt haben.

Denkbar wäre noch, die Gruppen nach deren Zielsetzungen zu unterteilen:

❱ Gruppen, die vorwiegend eine Erziehungs- und Ausbildungsfunktion erfüllen (Kinderhort, Schule, Uni)

❱ Gruppen mit wirtschaftlichen Zielen (Betriebe und Unternehmen)

❱ Weltanschauliche und religiöse Gruppen (Parteien, Bibelkreise)

❱ Gruppen des Freizeit- und Erholungsbereichs (Schachclub, Sportverein) usw.

4.2.2 Primär- und Sekundärgruppen

Eine in der Soziologie wichtige Unterscheidung ist die in Primär- und Sekundärgruppen. Primärgruppen sind gekennzeichnet durch persönliche, oft emotionale Kontakte der Mitglieder untereinander (deshalb wird zuweilen auch die Bezeichnung face-to-face-group verwendet). In ihnen werden grundlegende soziale Erfahrungen ge-

macht, sie haben große Bedeutung für Sozialisation und Identitäts-
bildung der einzelnen. Wichtige Beispiele sind Familie und Gleich-
altrigengruppe (peer-group).

Die Beziehungen in Sekundärgruppen sind im Gegensatz dazu relativ stark durch Formalia und Richtlinien geregelt. Sie sind unpersön-
licher, zuweilen sogar für die Mitglieder nicht überschaubar, und
meist auf eine ganz bestimmte Rolle oder Funktion beschränkt. Wer
von den männlichen Lesern vorhat, bei der »starken Truppe« zu
dienen, wird persönliche Erfahrungen damit machen. Ähnliches gilt
für das Studium und das Berufsleben.

4.2.3 Formelle und informelle Gruppen

Eine solche Gruppe, in der jedem Mitglied ein fester Platz zukommt,
um eine nach wirtschaftlichen Prinzipien geplante Struktur zu gewährleisten, wird – vor allem in der Industrie-, Betriebs- und Organisationssoziologie – auch als formell bezeichnet, in Abgrenzung zu
informellen Gruppen, die sich innerhalb der formellen bilden. Sie
beruhen meist auf persönlicher Sympathie, oft auch geteilten Interessen, die in gemeinsame Freizeitgestaltung münden können. Im
Unterschied zur sie umgebenden formellen Gruppe, die nach bestimmten Überlegungen organisiert ist, entsteht die informelle
Gruppe eher spontan. Die in ihr entwickelten Normen und Werte
können sich von denen des Betriebs durchaus deutlich unterscheiden. Ein Leitsatz dieses Gebiets der Soziologie besagt, daß keine
Organisation besser sein kann als ihre informellen Gruppen. Eine
Clique unter den Kollegen, die sich untereinander bestärkt, es mit
bestimmten Grundsätzen der betrieblichen Disziplin oder der Hierarchie nicht so genau zu nehmen, und die in der Lage ist, das
Verhalten der anderen zu sanktionieren – beispielsweise durch die
Gewährung oder Verweigerung von Solidarität und Hilfe – kann den
eigentlichen Zielen der Firma ziemlich entgegenlaufen. Passen aber
die vertretenen Vorstellungen und Forderungen zusammen und sind
sich auch die Mitglieder der informellen Gruppe einig – »Erst die
Arbeit, dann das Vergnügen« – sind sie zur Erreichung der Ziele der
Organisation sicher förderlich. Sie geben den einzelnen neben deren
einseitigen Beanspruchung als Funktionsträger die Möglichkeit, sich

als Individuen akzeptiert zu fühlen, wodurch wiederum die Motivation gefördert wird.

4.2.4 Bezugsgruppen

Eine weitere Unterteilung läßt sich nach der Mitgliedschaft bzw. Nicht-Mitgliedschaft in Eigengruppe (in-group) und Fremdgruppe (out-group) vornehmen. Die Orientierung muß nicht immer an der Eigengruppe geschehen. Oft sind es vielmehr die Eigenschaften der Fremdgruppe, die als Ziel dienen, um ihr anzugehören. Entscheidend ist, ob sich die Einzelpersonen mit den Zielen, Normen und Werten einer Gruppe auseinandersetzen – dabei kommt es nicht darauf an, ob sie diesen zustimmen oder sie ablehnen. Ist das der Fall, spricht man von Bezugsgruppen.

Komparative Bezugsgruppen sind Vergleichsgruppen, an denen die Einzelnen ihre Position in Relation zu anderen messen (Status, Erfolg, Konsumniveau). Normative Orientierungsgruppen sind dagegen in-groups, denen man aus Überzeugung angehört, oder out-groups, in denen Mitgliedschaft angestrebt wird. Durch vorwegnehmende Internalisierung, Übernahme der dort geltenden Standards (antizipatorische Sozialisation) kann der Einstieg erleichtert werden.

Ralf, der neu aus einer anderen Stadt hergezogen ist und jetzt Anschluß an die lässige Gang in der Nachbarschaft sucht, wird vielleicht zunächst ihren abgerissenen, neo-industriellen Kleidungsstil nachahmen, der ihm recht gut gefällt: Bisher hat er sich nicht besonders für Politik interessiert, wählen darf er sowieso noch nicht. Er findet es aber schon klasse, daß sich seine neuen Freunde so engagieren. »Keine Macht für niemand« ist auch eine reizvolle Vorstellung. Überhaupt, daß in unserer Gesellschaft einiges schiefläuft, hat er sich schon oft gedacht. Zeit, was zu tun, findet Ralf jetzt. Mit dieser Entscheidung zieht sich Ralf womöglich schnell die Mißbilligung einer anderen Gruppe zu, die auch einige Sanktionen für ihn bereithält: seine Familie.

4.3 Die Familie – Bindeglied zwischen Individuum und Gesellschaft

Häufig ändert sich mit der Eheschließung die Situation grundlegend. Der Ehevertrag gibt beiden das exklusive Besitzrecht auf den Körper, die Gefühle, die Zuwendung des anderen. Niemand muß mehr gewonnen werden, denn die Liebe ist zu etwas geworden, was man hat, zu einem Besitz.

Erich Fromm

Unzählige Fernsehserien sind ihr gewidmet oder können nicht auf sie verzichten. Von der »Lindenstraße« bis zu »Unsere kleine Farm«, von den »Simpsons« über die »Flintstones« und »Alf« bis zu den »Monsters« ist sie – neben dem Auto – unser Kulturgut Nummer Eins: die Familie. Als sicher bedeutsamste Primärgruppe ist sie ein beliebtes Untersuchungsobjekt der Soziologie. Unabhängig von je nach Kultur und Zeit verschiedenen Formen laufen in ihr bestimmte Funktionen der Fortpflanzung, Versorgung, Sozialisation und sozialen Kontrolle ab. Diese Funktionen machen sie zum wichtigsten Bindeglied zwischen Individuum und Gesellschaft. In ihr werden die ersten Erfahrungen der Kommunikation, der Interaktion und des Austauschs mit anderen gemacht, durch sie werden die ersten Anforderungen im Zusammenleben mit anderen vermittelt. Kein Staat, der nicht auch eine bestimmte Familienpolitik vertreten würde. In totalitären Systemen wird dabei oft versucht, so viele Sozialisationsprozesse wie möglich in staatlich kontrollierte Institutionen zu verlagern, während hierzulande die Kernfamilie – Vater, Mutter, Kind – als Standard verteidigt wird. Alleinstehende Mütter (und seltener Väter) wurden selbst in der soziologischen und sozialpädagogischen Fachliteratur bis vor kurzem als »unvollständige Familien« geführt. Erst in letzter Zeit setzt sich die Bezeichnung »Ein-Elternteil-Familien« durch. Dabei hat der bei uns heute vorherrschende Typ der Kleinfamilie sozialgeschichtlich erst in den letzten beiden Jahrhunderten Bedeutung gegenüber der Großfamilie erlangt, die die feudale Ständegesellschaft dominierte.

4.3.1 Definition und gesellschaftliche Funktion

Soziologisch gesehen ist die Familie nicht nur so ein »Ding«, das viele von uns zu Hause stehen haben, ein Ort, wo der Kühlschrank immer voll ist und man sich mit Vertretern einer anderen Generation über Musikgeschmack und die Bedeutung von Sekundärtugenden wie Pünktlichkeit oder Ordnung streiten kann. Sie ist eine soziale Gruppe mit verschiedenen Aufgaben und Funktionen. Für den nicht-soziologischen Normalmenschen mag sie ein freudig anzusteuernder oder ängstlich zu umsegelnder (Un-)Glückshafen sein, für die Soziologie spielt sie eine zentrale Rolle in der wissenschaftlichen Auseinandersetzung. Ganz gleich, ob sie wegen ihrer patriarchalischen und autoritären Struktur kritisiert (Horkheimer) oder wegen ihrer Balance zwischen Autorität und Liebe und ihrer identitätsstabilisierenden Wirkung verteidigt (Berger & Berger) wird. Auch wenn es den Soziologen in diesem Fall wieder einmal nicht gelingt, eine einheitliche Definition zu finden, so helfen folgende Minimal-Merkmale einer Familie zumindest bei der Überlegung, welche Form menschlichen Zusammenlebens unter Familie zu verstehen ist.

▶ Die Familie ist eine Gruppe, die mindestens zwei Generationen umfaßt.

▶ Ihre gesellschaftliche Aufgabe ist die Erzeugung und Sozialisation von Nachwuchs.

▶ Ihre Mitglieder sind durch ein zum Teil rechtlich festgesetztes ökonomisches Abhängigkeitsverhältnis und eine besondere emotionale Bindung geprägt.

Abgesehen von den verschiedenen Definitionen, die innerhalb der Soziologie zum Thema Familie kursieren, ist ihre weitreichende Bedeutung wenig umstritten. Das gilt für kapitalistische ebenso wie für sozialistische Gesellschaften. Der Schutz von Ehe und Familie wurde in der Verfassung beider deutschen Staaten verankert. Zwar griff der DDR-Staat mit »außerhäuslichen Erziehungsinstitutionen« intensiver in die Sozialisation ein und unterstützte stärker die Gleichberechtigung von Frauen und Männern, andererseits wurde von den Familien erwartet, daß sie die Entwicklung der »sozialistischen Persönlichkeit« ihrer Kinder fördern.

Warum liebt der Staat seine Familien so sehr? Betrachtet man die Gesellschaft als System, das dafür sorgt, die Gattung zu erhalten und das Zusammenleben der einzelnen Mitglieder zu organisieren, kann die Familie als Untereinheit verstanden werden. Ihre wichtigste Aufgabe ist es, wie bereits erwähnt, die biologische Erneuerung zu gewährleisten und sich um das Wohl und die Gesellschaftstauglichkeit der neuen Generationen zu kümmern. Außerdem gilt die Familie als ein Ort der emotionalen Geborgenheit, eine Art Liebes-Tankstelle, an der sich die vom Arbeitsleben gestressten Menschen wieder aufladen können. Angesichts der hohen Scheidungsraten und Trennungen, der Zerwürfnisse und Unterdrückung, der Vergewaltigungen und Kindesmißhandlungen bleibt die Frage, ob es sich in dieser Hinsicht nicht eher um eine subventionierte Mogelpackung handelt, selbst wenn es einseitig ist, diese negativen Beigeschmäcker ausschließlich der Institution Familie anzulasten. Auch wenn sich hinter der großen und steigenden Zahl von Singles viele Menschen finden, die unfreiwillig oder nur vorübergehend alleine leben oder wohnen, so ist sie doch ein Zeichen dafür, daß es unter der Fassade familiärer Harmonie deutlich bröselt.

Wie vernetzt die verschiedenen Bereiche der Gesellschaft sind und welche Auswirkungen Veränderungen in einem Bereich auf andere haben, ist am Beispiel der Familie sehr deutlich zu sehen:

- Alter: Immer mehr Menschen sind im Alter alleine, weil sie nicht mehr in Familien eingebunden sind.

- Jugend: Die Zusammensetzung der Familie beeinflußt die Biographie und spätere Entfaltung der Jugendlichen.

- Bevölkerung: Die Entscheidungen über Geburtenrückgang oder -anstieg, Erneuerung oder Überalterung der Gesellschaft werden vor allem in den Familien getroffen.

- Individuum: Je weniger ein Mensch in soziale Gruppen wie die Familie eingebunden ist, desto größer sind die Anforderungen an seine Selbständigkeit. Wer keinen Rückhalt in einer Familie oder ähnlich gearteten Gruppe hat, ist viel mehr von seinen eigenen Entscheidungen abhängig, von deren Erfolg oder Mißerfolg.

Ein anderer soziologischer Aspekt berücksichtigt die Entstehung von Familien: Wie bilden sich Familien, also wie finden sich (Ehe-)

Partner in einer Gesellschaft, die die »freie Wahl« der (Ehe-) Partner erlaubt? Dominierte früher Klassen- und Ständezugehörigkeit die Partnerfindung, so daß Kinder im sozialen Milieu der Eltern blieben, stehen heute rechtlich gesehen allen alle Möglichkeiten offen. Trotzdem ergeben Untersuchungen, daß viele Menschen ihrem Herkunfts-Milieu verhaftet bleiben. Soziologisch ergeben sich dafür mehrere Gründe.

    In *Jean-Paul Sartres* »Das Spiel ist aus« werden die Schwierigkeiten angedeutet, denen begegnet, wer sein Herkunftsmilieu wechselt. Der Arbeiter Pierre hat sich mit der bürgerlichen Èves, der Frau des Milizsekretärs angefreundet, leidet aber unter dem fremden Milieu, dem feinen, hochnäsigen Verhalten ihrer bourgeoisen Umgebung. Ebenso fremd fühlt Èves sich im Arbeiterviertel. Zu dem Fremdsein im jeweils anderen Milieu kommt die Entfremdung vom Herkunftsmilieu hinzu: Beide stoßen bei ihren Freunden auf Ablehnung, weil sie die Grenze zur anderen Schicht überschreiten und des Verrats verdächtigt werden. Schließlich scheitert ihre Freundschaft daran, daß beide zu sehr ihrem Milieu verhaftet sind, sich trotz ihrer Liebe den äußeren Bedingungen nicht zu entziehen vermögen.

Mag unsere heutige Gesellschaft auch nicht mehr so eindeutig gespalten sein, so wirken sich die Prägungen (Sprache, Umgangsformen, materieller und kultureller Hintergrund), die die Menschen in ihrere jeweiligen Umgebung erfahren haben, dennoch aus: Kontaktmöglichkeiten, Interessen, Verhaltens-Codes bleiben den Menschen verhaftet. Dazu kommt eine Unsicherheit, wenn man sich in einem fremden Milieu bewegt, denn dort ist man meist aller Selbstverständlichkeiten beraubt. Das Ausmaß dieser Einflüsse und Veränderungen im Laufe der Zeit festzustellen, ist ein Fall für die Soziologen.

4.3.2 Schrecklich oder nett?

Für die Kinder ist die Familie das Tor, durch das sie in die Gesellschaft gelangen, vielleicht auch das Tor, das ihre biographische Niederlage im späteren Leben einleitet. Dort wird das Kind für die Reise durch das Leben ausgerüstet, bekommt die Augen, mit denen es die Welt sieht, die Sprache, mit der es sich verständigt, und dort findet auch die erste Begegnung mit sich selbst statt. Die Familie ist also eine Art Trichter, durch den das Kind mit der Welt bzw. mit der Gesellschaft gefüttert wird. Dabei bestimmen die Eltern, zum Teil bewußt, zum Teil unbewußt, welche Auschnitte der Gesellschaft bis zum Kind gelangen. Sie kontrollieren die Wirklichkeit des Kindes. Zwar geben die Eltern im Laufe der Zeit mehr und mehr Einfluß an andere Instanzen ab, z.B. Kindergarten, Schule, Gleichaltrigen-gruppe (peer-group), Ferienlager oder TV-Gerät, aber ihr Einfluß ist deshalb besonders stark und intensiv, weil er die erste und wichtigste Phase des Lebens begleitet und weil sich im Gegensatz zu anderen Gruppen sehr viel auf einer emotionalen Ebene abspielt.

Ist die Familie nun ein friedlicher Rückzugspunkt der Stabilität und Sicherheit inmitten einer harten, Ellenbogen-fixierten, unübersichtlichen Umgebung – ein Ort, an dem die neuen Gesellschaftsmitglieder auf das »Leben draußen« vorbeireitet werden und an den sie im Notfall hilfesuchend zurückkehren können? Ist sie ein gewaltiger Erziehungskonzern mit Millionen Filialen, die allesamt das bürgerliche Ideal von Wohlstand, Recht und Ordnung in den Köpfen der Kinder konditionieren, ähnlich der »neo-pawlowschen Normungssäle« in *Aldous Huxleys* »Schöne neue Welt«? Oder ist die Familie der letzte Bereich in der Gesellschaft, der sich staatlicher Überwachung und Kontrolle entziehen kann? Ein rechtsfreier Raum in dem nach Herzenslust Ehefrauen und Kinder mißbraucht werden können, weil niemand sich darum kümmert und das Gesetz die Familie vor staatlichem Einfluß schützt?

Gewalt in der Familie läßt sich nicht verallgemeinern, darf andererseits nicht verharmlost werden. Soziologie darf hier nicht nur als Zahlenhuberei verstanden werden, die nur Statistiken liefert. Ihre Aufgabe kann ebensogut sein, nach den Ursachen familiärer Gewalt zu suchen und an den gesellschaftlichen Rahmenbedingungen zu basteln, damit aus familiären Bindungen keine Abhängigkeiten entstehen, die Frauen und Kinder zwingen, Gewalt erdulden zu müssen.

4.3.3 Kinderverdrossenheit?

Woran liegt es, daß die (alte Mehr-Kinder-) Familie an Popularität einbüßt? Haben die Frauen es satt, sich dem ungehemmten Konsumwünsche-Diktat der Kleinen unterzuordnen? Ist es die undankbare Auszubeutenden-Rolle der Mütter und Ehefrauen oder überhaupt die zunehmende Unfähigkeit der Menschen, zu zweit und mit Kids über einen längeren Zeitraum friedlich zusammenleben zu können? Gilt Familie nicht mehr als anzustrebender Wert in einer individualisierten Gesellschaft? Fest steht, daß die bürgerliche Familie auf dem Rücken der Frauen errichtet wurde. Sind die Frauen während und nach der Familiengründung nicht mehr berufstätig, so verlieren sie jede Chance, sich beruflich zu entwickeln. Verknüpfen sie Beruf, Kinderbetreuung und Haushalt, droht ihnen die Gefahr, durch diese Mehrfachbelastung keiner der gestellten Aufgaben mehr gerecht zu werden. Dazu kommt im ersten Fall die ökonomische Abhängigkeit vom Ehemann. Steht irgendwann die Entscheidung an: Entweder Beruf oder Haushalt und Familie, dann sind es immer wieder die Frauen, die dem männlichen Egoismus nachgeben. Hinzu kommt die lebenslängliche Verpflichtung der Frauen: Sind die Kinder endlich aus dem Haus, werden die eigenen Eltern oft pflegebedürftig. Es bedarf keines längeren Stirnrunzelns, um zu sagen, wer diesen Job übernimmt.

Soziologisch bedeutsam ist auch die Frage, inwiefern ein Wandel der Familie von einer Aufweichung oder Verfestigung der männerzentrierten Gesellschaft begleitet wird.

4.3.4 Das Ende der Familie?

Es hat sich einiges getan in den (nach-) industriellen Gesellschaften: »Nichteheliche Lebensgemeinschaften (NELG)«, »Fortsetzungsehen«, »Mehrelternfamilien«, »multikulturelle Familien«, »Beziehungen mit getrennten Wohnungen (living apart together)« und last but not least die »Singles«. Kurz: Die bürgerliche Familie bekommt immer mehr Konkurrenz von individuellen Lebensgemeinschaften, die jeder einzelne sich aus den vorhandenen »Experimentier-Bausätzen« zusammenbastelt. Elisabeth Beck-Gernsheim spricht von »post-familialen Familien«. Andererseits fällt es zwei Dritteln der verheirateten Deutschen noch sehr schwer, den traditionellen Familienweg zu verlassen: Die Familienphase beginnt mit Heirat oder erstem Kind und endet, wenn das letzte Kind vor der Tür ist. Das geht solange, bis einer der beiden Partner stirbt. Beim anderen Drittel wird die biologische durch die juristische Scheidung oder eine nur räumliche Trennung ersetzt. Das kann während der Familienphase sein, aber immer öfter auch schon vor oder bei Geburt des Kindes.

Da es vom Standpunkt des jeweiligen Soziologen abhängt, was unter »normaler« oder bürgerlicher Familie zu verstehen ist, läßt sich schwer sagen, ob diese sich auflöst oder fortbesteht. Unabhängig davon lassen sich u.a. folgende Trends erkennen:

❱ sinkende Kinderzahlen in den Familien

❱ sinkende Heiratsbereitschaft

❱ steigende Erwerbstätigkeit bei Frauen, auch bei Müttern

❱ steigende Zahl von (Ehe-)Trennungen

Verändert haben sich die Familien in vielfältiger Hinsicht: Erstens in ihrer Entstehung, ihrem Verlauf und ihrem Ende. Zweitens in ihrer Größe und Reichweite. Und drittens in ihrer Bedeutung als Lebenskonzept.

Schließlich sei noch darauf hingewiesen, daß Familienforschung häufig ideologiebehaftet ist und den eigenen Vorstellungen entsprechende Ergebnisse zu Tage fördert. Wer meint, Frauen gehörten an den Herd, wird nicht müde werden, die Berufstätigkeit von Frauen als familienschädlich hervorzuheben und dafür auch passende Belege aufzutischen. Es gehört zur Aufgabe der Soziologie, »Selbstverständlichkeiten« zu hinterfragen. Warum sollten Männer ihre Abenteuertauglichkeit statt im Marlboro-Country nicht im Haushalt, bei den Geschirr- und Wäschebergen und bei der Zähmung von Kleinkindern beweisen?

4.4   Zwei Lebensalter

In der Soziologie finden **Jugend** und **Alter** besondere Beachtung. Nicht zuletzt, weil sie immer wieder heftig diskutiert werden und in einer Gesellschaft als problematische soziale Einflußgrößen gelten:

Während Jugendliche aus der Perspektive betrachtet werden, die sie als »Verantwortungsträger« von morgen sieht, werden die Alten eher definiert als »soziale Last« von heute. Die Mitte fühlt sich doppelt bedrängt: Beide »konsumierenden« Lebensphasen, Jugend und Alter, dehnen sich immer weiter aus. Wichtige Punkte sind der verspätete Berufseinstieg durch die verlängerte Ausbildung auf der einen und die gestiegene Lebenserwartung auf der anderen Seite. Hier kann die Soziologie Beiträge zur gesellschaftlichen Diskussion leisten, indem sie zeigt, daß sie nicht nur notwendige Lasten sind, sondern konstruktiv zur Gestaltung der Gesellschaft beitragen können, sofern sie nicht entmündigt (und in Schulen oder Altersheime abgeschoben) werden.

4.4.1 Jugend

Ihr könnt uns untersuchen, befragen, interviewen, Statistiken über uns aufstellen, sie auswerten, interpretieren, verwerfen, Theorien entwickeln und diskutieren, Vermutungen anstellen, Schlüsse ziehen, Sachverhalte klären, Ergebnisse verkünden, sogar daran glauben. Unseretwegen. Aber ihr werdet uns nicht verstehen.

Peter König

Die jungen Leute können alles bestreiten, außer ihren Lebensunterhalt.

Helmut Kohl

Die seit Jahren gepflegte Lieblingsreaktion des Kanzlers auf »Buh«-Rufe und Pfiffe Jugendlicher während seiner Reden verschleiert, wie sorgenvoll die Politik-Machenden in diesem unserem Lande die Jugend beäugen. In regelmäßigen Abständen läßt die Bundesregierung einen Jugendbericht erstellen, um möglichst alles über die jungen Menschen zu erfahren, die mal zu links, mal zu rechts, mal zu gewalttätig, mal zu brav, mal zu fordernd, mal zu gleichgültig, jedenfalls immer daneben sind. Zahlreiche andere Institutionen beteiligen sich an der Erschaffung der gläsernen Jugend, von der die Forscher bald mehr wissen, als sie von sich selbst. Die Frage ist nur, ob es den Erwachsenen jemals gelingen wird, »Jugend« zu verstehen.

Aber was ist Jugend eigentlich genau? Wann fängt sie an, wann hört sie auf? Hört sie heutzutage überhaupt noch auf? Jugend ist die

Phase zwischen Kindheit und Erwachsensein. Prinzipiell wird noch genauer unterschieden, zwischen Adoleszenz (Heranwachsen) und Post-Adoleszenz, wahrscheinlich um eine Kategorie für die alternden Studenten zu finden, die sich zwischen Jugend und Erwachsenenalter tummeln. Einst wurde der Wechsel zwischen zwei Lebensphasen durch Übergangsriten gekennzeichnet. Bei »Natur-Völkern« wird die Umwandlung der Mädchen in Frauen und der Jungen in Männer von Ritualen begleitet. In unserer Gesellschaft gibt es nur noch zaghafte Hinweise für diesen Übergang: Die Volljährigkeit macht aus Jugendlichen juristisch, die Geschlechtsreife biologisch Erwachsene. Beides fällt nicht gerade zusammen und Soziologen haben wieder andere Merkmale, die ihre Vorstellung von Jugend und Erwachsensein kennzeichnen. Es scheint sogar, unsere Gesellschaft wird durch eine erstaunliche Unübersichtlichkeit geprägt, zumindest was das Alter betrifft und die damit einhergehenden Vorstellungen: 16jährige Computerfreaks haben ihre eigene Firma, während andere mit 30 noch studieren und nicht wissen, ob sie hinterher »reich« heiraten oder einen Halbtagsjob im Getränkemarkt antreten sollen.

Wenn Jugend als Lebensphase des Übergangs gedacht ist, dann ist sie immer auch eine Phase der Kritik: Jugendliche kennen die Welt der Erwachsenen, deren nichtssagende aber höfliche Floskeln, deren ebenso stressigen wie langweiligen Alltag, der im gemeinsamen Einschlafen vor dem Fernseher endet. Kein Wunder, daß sich manche Jugendliche überlegen, ob sie überhaupt dahin wollen, und aus diesem Grübeln heraus schließlich eine Gegenkultur entwerfen: bunt, frech und laut.

Das Auftreten der Jugend – oder vielmehr einer auffälligen Minderheit von Jugendlichen – hat sich über die Jahrzehnte verändert: Halbstarke, 68er, Hippies, Punks, Ökos, Popper, Rapper, Grufties, Skins, Raver usw. Gleich blieb dagegen das skeptische Nasenrümpfen der Erwachsenen, denen die Jugend immer zu wild, zu egoistisch oder zu gewalttätig war, neuerdings selbst zu unpolitisch. Immer wurde die Jugend auch als Kampffeld betrachtet, auf dem sich zwei Feinde gegenüberstehen: Auf der einen Seite die Armee aus Erziehungsversuchen, Normen, Sitten und Gesetzen – auf der anderen Seite die solidarischen Einzelkämpfer, auf deren Fahnen

Lust, Frust und Selbstentfaltung prangt. Jugend – als gesellschaftliche Gruppe gedacht, nicht als Lebensphase eines Einzelnen – tauchte erst Ende des 19. Jahrhunderts auf, als sich die Industriegesellschaft voll zu entfalten begann.

Wie so oft bestellen die Soziologen auch hier ein beackertes Feld: Pädagogen, Philosophen, Theologen und Juristen – sie alle haben das ein oder andere Auge auf die Jugend und das Heranwachsen (Adoleszenz) geworfen. Jugend wurde immer durch die verstaubte Brille der Erwachsenen betrachtet und die sahen oft nur abweichendes Verhalten. Wer sich selbst als normal und mustergültig betrachtet, dem erscheinen andere oft als unnormal, als fehlerhaft. Im Extremfall entwickelt sich ein Wechselspiel aus jung und alt, ein Konkurrenzkampf um Werte und Lebensvorstellungen, das Streben nach Neuem gegen das Bewahren des Vorhandenen.

Wenn von Jugend-Kultur die Rede ist, wird die Eigenständigkeit der Jugend gegenüber der Erwachsenenwelt betont. Soziologen sprechen auch von jugendlicher Subkultur, wenn Jugendliche in der Gesellschaft ihre eigenen Lebensräume suchen und anderen Normen folgen. Die Subkultur wird zur Gegenkultur, wenn von der herrschenden Kultur nicht nur abgewichen, sondern bewußt dagegen gelebt wird. Eine »Pluralisierung der Lebensstile« hat besonders die Jugend erfaßt: Nicht mehr nur Teds oder Blumenkinder, sondern zahlreiche verschiedene Stilrichtungen leben nebeneinander und gegeneinander.

Was wissen wir heute? Was denkt die Jugend? Von welchen altgedienten Werten hat sie sich verabschiedet? Glauben sie noch an Gott oder nur noch an sich? Stützen sie unsere heilige Demokratie oder versenken sie unser Fernseh-Abend-Land im Drogenrausch? Kann überhaupt noch von der »Jugend« gesprochen werden, oder sind junge Menschen mit all ihren verschiedenen Einstellungen und Lebensauffassungen gar nicht mehr unter einen Hut zu stülpen?

Was Soziologie hier leisten kann, ist ein fundierteres Bild zu erarbeiten, jenseits von Zeitgeist-Etiketten, wie sie Medien von »Tempo« (Generation X) bis zum »Spiegel« (Die Eigensinnigen) sich für eine Handvoll Leser gerne auf den Titel kleben. Ein solcher Versuch geht weit über die meisten »Zeitgeist-Darstellungen« hinaus: Aus dem »Nirvana«-Sänger Kurt Cobain und einem Roman eine »realexistierende« Generation X zu basteln, ohne auf empirische Forschungsergebnisse zurückgreifen zu können, ist dreist.

1971 veröffentlichte **Ronald Inglehart** eine Studie über **Wertewandel** in den westlichen Industriegesellschaften. Abgelöst wurden demnach die »materialistischen« Werte der in Zeiten wirtschaftlichen Mangels aufgewachsenen Generation mit ihrer starken Betonung von Arbeit, Fleiß, Wohlstand und Gehorsam. An ihrer Stelle schätzte die nachfolgende, im wirtschaftlichen Wohlstand aufgewachse Generation postmaterialistische Werte. Sie strebten Selbstbestimmung, Gleichberechtigung, Mitbestimmung an. Auch wenn diese Studie heftig umstritten ist, so zeigt sie dennoch eine Tendenz auf, die heute nicht mehr ignoriert werden kann und eine Grundlage für die Wertewandel-Diskussion liefert.

4.4.2 Alter

Ich vermute, daß man uns Alte auf die Dauer gesellschaftlich loshaben will. Wir haben ausgedient. Man kann keinen Nutzen mehr in uns entdecken, wenn wir aufgehört haben, Arbeiter, Erzieher, Konsument zu sein, und nur noch hochbezahlte Pflegefälle sind. Das gesellschaftliche Mitleid mit dem sinnlosen Leiden der Alten, die erneuten wissenschaftlichen und so theoretischen Auseinandersetzungen um die Euthanasie stehen mir in einem zu auffälligen Zusammenhang mit dem Verteilungskampf um die begrenzten Mittel des Sozialetats. Die ökonomische Empfindlichkeit hat ungefähr genauso zugenommen in unserem Land, wie die soziale Empfindsamkeit abgenommen hat.

Gertrud Rückert

Gertrud Rückert antwortet mit ihrem Artikel auf die Schilderungen eines Zivildienstleistenden, der direkt und unverblümt seinem Alltagsfrust mit den pflegebedürftigen und dahinsiechenden alten Menschen Luft verschafft. Sie schreibt über ein brüchiges Land, in dem die Risse und Gräben breiter und tiefer werden: Eine Gesellschaft, die im Zuge ihrer Rationalisierung versucht, alle Probleme mit ökonomischer Logik zu bewältigen. Dadurch geraten die pflegebedürftigen Menschen mit ihren seelischen Leiden, mit ihren Gefühlen und Ängsten auf ein Versorgungs-Fließband, das sie als Behandlungs-Objekte durch die Pflege-Fabrik transportiert. Es geht um den Generationenvertrag, den die jungen Leute aufgekündigt haben, wie Rückert meint. Und es geht um ein immer weiterreichendes ökonomisches Denken, das Menschen auf ihren »Nutzen für die Gesellschaft« reduziert, um ein Denken, das Jugend nicht nur zum ästhetischen Symbol idealisiert, sondern zum Maßstab macht. Jugend als Symbol der Schönheit, Leistungsfähigkeit und Konsumtauglichkeit. Wer davon abweicht, wird an den Rand gedrängt. Und es zählt nur noch das Jetzt, der Augenblick. Ganz egal, wie schön, wie leistungsfähig, wie konsumtauglich diese alten und kranken Menschen einst waren: Heute werden sie als »soziale Last« definiert.

Altersheime sind nicht nur ökonomische Pflegefabriken, sie drücken den Senioren auch einen sozialen Stempel auf: Ausgemustert! Soziologen sprechen von Stigmatisierung: Einer Person oder einer Gruppe wird ein negatives Etikett aufgeklebt, das zur Diskriminierung der Betroffenen führt. Stigmatisierung kann soziale Randgruppen wie Häftlinge, Behinderte oder Asylbewerber ebenso treffen wie »die Alten«. In der englischsprachigen Soziologie gibt es den Begriff »ageism«, der (analog zu »sexism«) eine Diskriminierung aufgrund des Alters bezeichnet. Wie bei anderen diskriminierten Gruppen beruht ageism auf Vorurteilen, die oft nur einen Teil mit der Realität gemeinsam haben: Alte kränkeln, schwächeln, hören und sehen schlecht und sind überdies ziemlich verkalkt. Untersuchungen zeigen auch die andere Seite: Durch die gestiegene durchschnittliche Lebenserwartung finden sich zunemend rüstige Rentner unter den Alten. Geistige Leistungsfähigkeit kann sich sehr lange halten, immer wieder gelingt es Senioren, ein Hochschulstudium durchzuziehen, ohne den jungen Leuten nachzustehen. Der Soziologe **Norbert Elias (1897-1990)** veröffentlichte Werke noch im Alter von über 90 Jahren und Marion Gräfin Dönhoff, die 85jährige Herausgeberin der Wochenzeitung DIE ZEIT, mischt sich immer noch in die politische Diskussion ein. Es ist weniger eine zweite Jugend, die den glücklichen Alten bevorsteht, als vielmehr die »Chance der produktiven Gelassenheit des Alters, das sich durch die im durchschnittlichen Erwerbsalltag auftretenden Zwänge nicht mehr schrecken läßt« (Lothar Böhnisch und Klaus Blanc).

Diese Einzelbeispiele widerlegen nicht die schmerzliche Seite des Verfalls, der mit dem Alter einhergehen kann, aber sie verhelfen zu einer differenzierteren Sichtweise dieser Lebensphase. Die Diskussion um die neuen Alten geht manchmal sogar so weit, daß den wohlhabenden »jungen« Alten in einem Zeitgeistmagazin ein exzessiver Lebensstil vorgeworfen wird, daß sie gar auf Kosten der Jugend deren Zukunft verkonsumieren würden: »Sie überwintern in schmucken Ferienhäusern am Mittelmeer, während die Lebensbedingungen hierzulande immer schlechter werden. Sie reisen kreuz und quer durch die Welt, während die Städte hier immer öder werden. Sie leisten sich Schonkost, während immer mehr Menschen vergiftete Nahrung essen müssen« (Wiener 3/89). Auch diese Gegenkritik der Jungen an den Alten mag überzogen sein, aber sie weist auf vollzogene und sich anbahnende Veränderungen im Generationengefüge hin.

Auch hier darf gefragt werden, ob die Soziologie nur beschreiben und prognostizieren soll. Hauptaufgabe der Soziologie bleibt die Aufklärung:

▶ Alter ist nicht nur Verfall und Übergangsstadium zum Tod und läßt sich nicht auf den Begriff »soziale Last« reduzieren, sondern kann auch Möglichkeiten zu neuer Erfüllung bieten.

▶ Trotz zunehmender individueller Freiheit wird die Lebenssituation im Alter stark von den sozialen und ökonomischen Rahmenbedingungen bestimmt.

Die Konturen der Gesellschaft, die sich im Bereich Alter abzeichnen, deuten auf eine mehrdimensionale Spaltung hin. Zum einen droht sich eine relative Armut von ostdeutschen gegenüber westdeutschen Alten zu verfestigen, zum anderen werden die Alten geteilt »in die einen, die mit 75 Jahren künstlerisch tätig sind und um die Welt reisen, und die anderen, die in den Geruch kommen, mit ihrem Leben nicht verantwortungsvoll umgegangen zu sein und der Gesellschaft schuldhaft zur Last zu fallen« (Lothar Bönisch und Klaus Blanc).

Im Zeitalter der Individualisierung birgt das Alter, wie alle anderen Lebensphasen auch, Chancen und Risiken: Auf der dunklen Seite lauern Einsamkeit, Krankheit, Armut und Abhängigkeit, auf der sonnigen Seite strahlen hohes Bildungsniveau, Mobilität, Wohlstand, Freizeit und Autonomie.

5.   Die Gesellschaft

Ich bin nicht Vater, nicht Ehemann, nicht ADAC-Mitglied. Ich habe keinen festen Beruf und kein richtiges Hobby. Mir fehlt alles, was einen richtigen Erwachsenen ausmacht, die Aufgaben, die Pflichten, die Belohnungen. Ich bin kein Vorgesetzter und keine Autoritätsperson, ich habe keinen Dispositionskredit und trage keinerlei Unterhaltskosten, außer für mich selbst.

Georg Heinzen und Uwe Koch

Woran liegt es, daß so wenige Tellerwäscher in Amerika ihr »unalienable right« gebrauchen, obwohl das »Streben nach Glück« von der Verfassung garantiert wird? Macht Millionär sein etwa nicht glücklich, wie wir in *Orson Welles'* Kultfilm »Citizen Kane« (1941) erfahren? Oder sind unter den Tellerwäschern so viele Analphabeten, daß sie die amerikanische Verfassung nicht lesen können und deshalb von ihren unveräußerlichen Rechten gar nichts erfahren? Schon ist das Stichwort für die Soziologen gefallen: Bildung ist eine Voraussetzung, um Rechte und Chancen wahrnehmen zu können.

In unseren Ausführungen über den Selbstmord haben wir schon gezeigt, daß soziale Phänomene auf einer individuellen Ebene erfahren und gedeutet werden. Obwohl jeder Einzelne die Entscheidung zum Suizid aufgrund eigener Erlebnisse, Überzeugungen oder Probleme fällt, lassen sich bestimmte Regelmäßigkeiten feststellen. So töten sich an Weihnachten mehr Menschen als an anderen Tagen, Studenten häufiger als Manager. Es läßt sich unschwer folgern, daß in irgendeiner Weise soziale Umstände eine Rolle spielen, die bei einer Betrachtung der Einzelperson leicht aus dem Blickfeld geraten.

Umdeutungen gesamtgesellschaftlicher Vorgänge und Entwicklungen auf persönlicher Ebene finden sich in vielen Bereichen: Die regierungspolitische Entscheidung, keinen Kohlebergbau mehr zu finanzieren, führt zu einem starken Anstieg der Arbeitslosigkeit. Der Einzelne, der keinen Job mehr findet, sucht die Schuld für seine Misere vielleicht bei sich selbst oder seinem fehlenden Glück. Das Umfeld unterstellt ihm unter Umständen dazu noch mangelnde Leistungsbereitschaft.

Ein anderes Beispiel: Opfer von sexueller Belästigung oder Vergewaltigung werden immer noch mit der Frage konfrontiert, wie sie selbst die Situation mit herbeigeführt haben – war es die Kleidung, das Auftreten, mangelnde Gegenwehr? Dabei werden bekanntermaßen Frauen aller Altersgruppen vergewaltigt, egal aus welcher Schicht sie stammen, ob sie gängigen Schönheitsidealen entsprechen oder nicht. Wie die österreichischen Sozialwissenschaftlerinnen **Cheryl Benard** und **Edith Schlaffer** feststellen: »Frauen werden vergewaltigt, weil sie Frauen sind.«

Die Soziologie als Wissenschaft von der Gesellschaft deckt die Unzulänglichkeit solcher Alltagsbetrachtungen auf. Sie zeigt die Zusammenhänge zwischen Erlebnissen auf der übersichtlichen Mikro-Ebene der Personen und Kleingruppen und der oft unüberschaubaren Makro-Ebene von Kultur, Wirtschaft und Politik. Sie zeigt, daß viele unserer Erfahrungen Folgen ganz bestimmter Bedingungen des gesellschaftlichen Zusammenlebens sind.

5.1 Der Flop – Schicksal und Versagen

Gewinner und Verlierer, glücklich und unglücklich – woran liegt es? Unzählige Paradiesianer haben ihre mehr oder weniger geheimen Tips und Erklärungen, woran es liegt, daß nicht alle Menschen glücklich sind und wie das große Glück dennoch zu erreichen wäre. Der American Dream, der neue Katechismus, das Kommunistische Manifest, der Manchester-Liberalismus, die soziale Marktwirtschaft oder die Lerntechnologien der Scientology-Kirche: allesamt tollkühne Zauberformeln, die garantiert zum Glück aller gegen alle führen. Das Problem ist leider, daß sich die Menschen noch nicht auf einen dieser zahlreichen Glückswege einigen konnten. Wir wollen diese Konzepte nicht auf die gleiche Qualitätsstufe stellen. Bei so vielen Standarderklärungen und Patentrezepten für Glück und Wohlstand stellt sich den Soziologen die Aufgabe, diese zu hinterfragen und mit eigenen Thesen zum kollektiven Unglück in den Ring der Öffentlichkeit zu steigen.

Soziologisch interessant wären folgende Fragen: Wie wirkt sich die soziale Umwelt auf den Tellerwäscher aus? Wie wurde der Tellerwäscher überhaupt Tellerwäscher? Welche (sozialen) Faktoren spielen eine Rolle für die Entwicklung und die gesellschaftliche Position eines Menschen, und wie kommt es zu ihrer Verteilung? Warum ist der eine Außenminister, die andere Hausfrau, die eine Professorin und der andere am Fließband? Ist es die individuelle Intelligenz? Ist die körperliche oder seelische Gesundheit ausschlaggebend? Oder spielt der Beruf und der Wohlstand des Elternhauses eine Rolle? Ist ein nicht beeinflußbares Schicksal dafür zuständig, daß der eine reich ist und der andere arm? Haben alle Menschen von Natur aus die gleichen Voraussetzungen? Gibt es Regelmäßigkeiten in der Verteilung von Armut und Reichtum, Macht und Herrschaft, die auf die **Bildung** zurückzuführen sind? Gibt es darüber hinaus Regelmäßigkeiten für die Verteilung von Bildung bezüglich sozialer Herkunft?

Die Soziologie versucht herauszufinden, wie soziale Faktoren das Schicksal von Einzelnen und Gruppen beeinflussen, warum das eine Leben zum Flop, das andere zum Hit wird: Welchen Einfluß haben Bildung, Einkommen, Familie, Geschlecht, Stadtteil, Kultur, Ökonomie, Religion, Rechtssystem und politische Organisation auf Wege und Ziele der Menschen?

5.2 Bildung und Chancen

»Info-Elite« nennt ein Münchner Nachrichtenmagazin seine bevorzugten Leser. Wer oder was immer darunter zu verstehen ist, dieser Begriff spielt auf ein Ordnungsprinzip der »Informationsgesellschaft« an. Deren Leitmotiv kann mit einer einfachen Formel ausgedrückt werden: »Information ist Macht.« Wer am schnellsten die richtigen Informationen hat und sie zu nutzen weiß, dem gehört die Welt, zumindest ein Teil davon. Börsenspekulation und die im Scheckbuch-Journalismus (das Erkaufen eines Exklusiv-Interviews mit einem Prominenten oder einer brisanten Insider-Information) gipfelnde Informationskonkurrenz der Medien sind nur zwei Ausprägungen dieses modernen Steuerungsmechanismus. Der Vormarsch des Computers in alle Bereiche des Alltags weist auf die Bedeutung von Informationen hin: Globalisierung der Telekommunikation, weltweite Computernetze. Diese Formel vereinfacht den Sachverhalt stark, aber sie deutet auf die Wichtigkeit von Bildung und Wissen in der modernen Gesellschaft hin. Der französische

Soziologe **Pierre Bourdieu** bezeichnet Bildung treffend als »kulturelles Kapital«. Soziologie untersucht das Bildungssystem in seinem Aufbau und seiner Organisation, die Chancenverteilung im Bildungszugang, vor allem die sozialen Aspekte der Bildung und des Bildungswandels.

Hier könnte man vorschnell anführen, daß in unserem Bildungssystem mit Schulpflicht alle die gleichen Chancen auf Bildung haben. Soziologisch betrachtet fängt die Chancenverteilung aber sehr viel früher an und erschöpft sich nicht in den verpflichtenden Bildungsabteilungen der Gesellschaft.

»Jeder ist seines Glückes Schmied« ist die ebenso klassische wie kurzsichtige Formel derjenigen, die nicht wahrhaben wollen, daß die Startbedingungen nicht gleich sind, und diese anfänglichen Nachteile auch nicht mit dem deutschen (Wirtschafts-)Wundermittel »Fleiß und Tüchtigkeit« ausgeglichen werden können. Es ist der Versuch, gesellschaftliche Rahmenbedingungen zu ignorieren und »Erfolg« einzig auf die Leistungsbereitschaft des Einzelnen zurückzuführen. Daß aber selbst Motivation eine Variable ist, die von sozialen Faktoren beeinflußt wird, zeigt, wie kurz diese Ansicht greift. Der Mythos vom American Dream ist insofern ein delikater Bluff.

> »Katholisch, Arbeiterkind, auf dem Land und auch noch als Frau geboren zu sein – das waren noch in den sechziger Jahren die schlechtesten Voraussetzungen, um den Weg auf eine Universität zu finden. Inzwischen hat sich einiges verändert. Die religiösen, geschlechtsspezifischen und regionalen Unterschiede sind weitgehend eingeebnet. Geblieben sind jedoch gravierende soziale Unterschiede, die über den Zugang zum Studium entscheiden.«

Ingrid Ostlender

Die Wurzeln der breiten Massenbildung liegen, wie die so vieler Phänomene, in der Industrialisierung. Davor war Bildung ein Luxus weniger Privilegierter. So stammten auch die großen Denker – die Philosophen und Naturwissenschaftler – grundsätzlich aus adeligen oder bürgerlichen Familien. Karl Marx beispielsweise war Sohn eines Rechtsanwaltes und Max Weber – wie originell – entstammte einer Leineweberfamilie. Inzwischen gehört eine Mindestbildung zur lebensnotwendigen Grundausstattung moderner Gesellschaften und die Anforderungen an Bildung im Sinne von Qualifikation, nicht von humanistischer Allgemeinbildung, haben in Deutschland längst zu einer Bildungsinflation geführt. Niedrige Bildungsabschlüsse werden so immer mehr abgewertet. Parallel dazu hat sich ein Aus- und Fortbildungsmarkt entwickelt, der Bildung in allen denkbaren Bereichen bietet: Volkshochschule, Sprachkurse, Computer-Lehrgänge, Stressbewältigungs-Seminare, Flirtschule. Beide Entwicklungen liefern schon einen einfachen, aber wichtigen Ansatzpunkt: Bildung kostet Geld. Einmal indirekt, als Lebenshaltungskosten, verursacht durch verlängerte Schul-, Fachschul- oder Hochschulaufenthalte. Und einmal direkt, als Kursgebühren bei privaten Anbietern. Kinder, deren Eltern ein relativ niedriges Einkommen haben, sind seltener an den Hochschulen zu finden, obwohl ihnen Unterstützung nach dem Bundesausbildungsförderungsgesetz (BAföG) zusteht: Aus der Sozialerhebung 1992 des Deutschen Studentenwerks ging hervor, daß 1990 nur 12% der Arbeiterkinder gegenüber 60% der Beamtenkinder zwischen 18 und 21 Jahren studierten. Zur Erklärung wurden folgende Gründe herangezogen:

▶ Einkommensschwache Familien scheuen häufig den hohen Kostenaufwand, der mit dem Studium ihrer Kinder auf sie zukommt.

▶ Eltern, die nicht mit dem akademischen Milieu vertraut sind, haben oft eine größere Distanz zur Universität und sind eher skeptisch, ihre Kinder studieren zu lassen.

▶ Arbeiterfamilien neigen wegen ihrer unsichereren Berufslage öfter dazu, das Risiko Studium zu vermeiden.

▶ Schon während der Schulzeit steigen Kinder aus einkommensschwachen Familien aus dem »Bildungszug« aus – oft wegen der zu erwartenden Kosten einer längeren Schulausbildung – und werden von ihren Eltern oder von Lehrern auf berufsausbildungsorientierte Schulen (Hauptschule, Realschule) geschickt.

▶ Selbst Statusängste der Eltern verhindern manchmal die Unterstützung für ein Studium: Sie haben Angst, von ihren Kindern »erniedrigt« zu werden.

Neben diesen Punkten darf nicht vergessen werden, daß sich bereits während der Sozialisationsphase die unterschiedlichen Herkunftsmilieus bemerkbar machen. Das Kind lernt frühzeitig, sich der Sprache des Zuhauses zu bedienen, die je nach Bildungsstand der Eltern ein elaborierter oder ein restringierter Code sein kann. Der Sprachsoziologe **Basil Bernstein** unterscheidet diese beiden Codes oder »Sprachen« wie folgt:

Der elaborierte Code ist die Sprache, die in den Häusern der Mittel- und Oberschicht gesprochen wird, und weist sich durch seine luxuriöse Wortschatzfülle, seinen höheren Abstraktionsgrad und seinen formalen Charakter aus. Dagegen spart der von Unterschichtsangehörigen gebrauchte restringierte Code am Wortschatz, artikuliert vorwiegend konkrete, erfahrbare Aspekte und ist von emotionalem Charakter.

Neben der Sprache wirkt sich die Motivationsförderung aus. Auch da ziehen Kinder aus wohlhabenden Elternhäusern oft das bessere Los. Mit den Eltern sind »Erfolgsvorbilder« vorhanden und der tägliche Umgang mit »gebildeten« Leuten schult frühzeitig die Fähigkeiten des Kindes.

(Schul-) Bildung hat sich in ihrer Funktion gewandelt: Zwar gilt die von Durkheim proklamierte erzieherische Funktion – Vermittlung von Normen und Werten – in gewisser Weise immer noch, aber die Vermittlung von Wissen hat längst den größten Bereich der Schulbildung eingenommen. Die Aufgabe, den Kindern Normen und Werte zu vermitteln, wurde immer mehr in die Familien verlagert. Radikal formuliert ist Bildung ein Instrument der Auslese, sie hat eine »Statuszuweisungsfunktion« oder »Plazierungsfunktion« (Rainer Geißler). Das bedeutet, daß entsprechend der Hierarchie der Bildungsabschlüsse »der Zugang zu verschiedenen sozialen Positionen mit ihren Privilegien und Benachteiligungen, der Zugang zu verschiedenen Schichten, soziale Aufstiege und Abstiege« verteilt werden. Dazu trägt auch ein mehrstufiges Schulsystem bei, das von Anfang an aussiebt, die »Guten« nach oben sortiert, die »Schlechten« nach unten.

Ähnlich den bekannten Währungsinflationen, wo man sogar für dieses Buch innerhalb einiger Monate ein paar tausend Mark hätte hinblättern müssen, muß man heute für den gleichen Job einen wesentlich höheren Bildungsabschluß auf den Tisch legen als vor ein paar Jahren. Im Journalismus, wo vor zwanzig Jahren mittlere Reife für ein Volontariat genügte, wird mindestens Abitur, oft sogar abgeschlossenes Hochschulstudium vorausgesetzt. Gleichzeitig hat Bildung insgesamt an Bedeutung gewonnen: Ohne Bildung geht fast nichts mehr.

Neben der ökonomischen Bedeutung für den Einzelnen und die Gesellschaft leistet Bildung einen wesentlichen Beitrag zur theoretischen und praktischen Perspektive der Demokratie. Um in der Konkurrenz der Meinungen den für sich besten Weg zu finden, ist sowohl »fachliche« Bildung, d.h. ein tieferes Wissen auf bestimmten Gebieten erforderlich als auch »humanistische« Bildung, d.h. historische Kenntnisse und Interesse an gesellschaftlichen Auseinandersetzungen. Um sich an gesellschaftlichen, ethischen oder ideologischen Diskussionen beteiligen zu können, wie z.B. Gentechnik, Kernenergie oder die rechtliche Regelung des Schwangerschaftsabbruchs, ist beiderlei wichtig. Ähnlich wenn es um die Frage nach Sinn und Zweck der Bildung selbst geht. Ein Ziel der Bildung wäre also, die für jede Demokratie lebenswichtige Kritikfähigkeit zu fördern.

Anders sieht es Bourdieu: Bildung diene der »kulturellen Reproduktion«, einer «herrschenden Klasse«, die ihre Ideale übertragen wolle. Dabei werde die Unterschicht von Anfang an benachteiligt, weil sie nicht über die gleichen Startbedingungen verfüge und die bereits erwähnten Hürden hinzukämen. Das durch die Bildung erworbene kulturelle Kapital, das später mitverantwortlich für den erlangten Status in der Gesellschaft ist, ist somit bei »Oberschichtlern« in der Regel höher als bei »Unterschichtlern« und sorgt schließlich dafür, daß die vielfach propagierte Chancengleichheit unterwandert wird.

Die Überfüllung der Hörsäle mancher Studienrichtungen zeigt, daß das Bildungssystem ähnlich funktioniert wie der Straßenverkehr: Wenn aufeinanderfolgende Streckenabschnitte verschiedene Kapazitäten aufweisen, kommt es zum Stau. Den relativ geräumigen Gymnasien stehen die längst aus ihren Nähten platzenden Hochschulen gegenüber. Daß die Hochschulen, wie DER SPIEGEL bereits 1970 schrieb, »sich von Semester zu Semester« schleppten, »zu gesund zum Sterben, zu krank zum Leben« liegt sicher nicht nur an der finanziellen Ignoranz von Bund und Ländern. Der Politikwissen-schaftler Claus Leggewie meint: »Die Bildungskatastrophe kann nur *von innen* behoben werden.« Er fordert von den Professoren »mehr Engagement in der Lehre«, von den Studierenden, die Uni nicht in »Konsumentenhaltung« über sich ergehen zu lassen und von den Geistes- und Sozialwissenschaften allgemein, daß sie über die real-existierenden Themen der Zeit grübeln. Dieses Plädoyer trägt zu-nächst wenig zur bestehenden Ungleichheit an den Unis bei, weist aber den Studierenden eine aktive Rolle zu: Sich an der Gestaltung der Gesellschaft zu beteiligen. Ein Tip also, für alle Soziologiestu-denten.

5.3   Frauen und Männer

Am Anfang war der kleine Unterschied, der immer größer wurde. Vielleicht lag es wirklich am Apfel, den die beiden Pionier-Men-schen nicht hätten essen sollen. Bewirkte der Apfel etwa mehr, als nur diesen kleinen Unterschied zu erkennen und deswegen Scham zu verspüren? Erkannten sie möglicherweise, daß Eva wegen ihrer milchspendenden »Brüste« für das Kochen und Adam wegen seines »Speeres« für die Jagd geschaffen sei?

Männer machen Politik. Männer machen Wissenschaft. Männer ma-chen Geschichte, indem sie sich und anderen die Köpfe einschlagen. Aber wo bleiben die Frauen? In der Küche, um den überarbeiteten Männern mit glücklich-erfüllter Hingabe das Essen zu bereiten und ihren täglichen Zärtlichkeitsbedarf zu stillen? An einer 1000 Meter langen Leine stehend, wo sie freudestrahlend ihren reingewasche-nen Lebensinhalt aufhängen? Sind Frauen die emotionale Werkstatt für die gefühlsdefizitären Männer? Haben sie keine andere Aufgabe, als die Gebärunfähigkeit der Männer auszugleichen, den Abenteuer suchenden Männern am Hafen »good-bye« zu winken, und die ge-sellschaftlichen »Restbereiche«, wie Alten- und Krankenpflege oder Haushaltsführung auszufüllen?

Die Isolierung von weiblicher Arbeit in familiären Haushalten, wo sie weitgehend Tätigkeiten verrichten, die eine geringe Qualifikation benötigen, gibt es in diesem Ausmaß erst seit der Industrialisierung und der Massenproduktion von Waren. Davor arbeiteten Männer und Frauen zusammen in den Haushalten, und viele Arbeiten, die heute in die großen Industrien ausgelagert sind, wie Herstellung von Textilien oder die Verarbeitung von Nahrungsmitteln wurden in häuslicher Arbeit erledigt. Zwar gab es auch dort geschlechtsspezifische Arbeitsteilung, aber das männliche Holzholen oder Mehlmahlen war in keinster Weise »anspruchsvoller« oder »wertvoller« als das weibliche Nähen oder Kochen. Die Arbeit der Frauen wurde erst dadurch abgewertet, daß die Arbeit, die mehr Fertigkeiten erforderte, auf maschinelle Produktion in die Fabriken verlagert wurde. So blieb für die daheimgebliebenen Frauen nur der Rest, darunter eben auch die »unqualifizierten« Arbeiten, die von den nun erwerbstätigen Männern zurückgelassen wurden.

Nun taucht im Alltag immer wieder das Argument auf, die technische Innovation hätte mit Produkten wie Waschmaschinen, fließend warmem Wasser usw. die Hausarbeit stark vereinfacht, so daß es den Anschein erweckt, heutzutage wäre es geradezu paradiesisch, einen Haushalt zu führen. Das stimmt leider so nicht. Umgerechnet in Arbeitsstunden hat sich die Hausarbeit, wie in verschiedenen Studien festgestellt wurde, seit Anfang des Jahrhunderts kaum verändert. Was durch technische Geräte reduziert wurde, kam am anderen Ende durch die gestiegenen Ansprüche wieder dazu: Die Kleider wurden mehr, öfter gewechselt und folglich öfter gewaschen. Die große Auswahl an Waren verlängert die Einkaufszeiten, die steigenden qualitativen Ansprüche der Haushaltsangehörigen bezüglich Hygiene und Ernährung und die Möglichkeit, mit neuen Dingen völlig neues anstellen zu können, tragen dazu bei.

Die Soziologie hat hier einen äußerst vollen Kühlschrank gefunden, aus dem sie ihren Hunger stillen kann. Zum Beispiel die Ungleichheit der Geschlechter – das steht meistens nicht mehr auf den Lehrplänen der Schulen – über die biologischen Merkmale hinaus. »Die Kultur macht das Geschlecht«, wäre eine spontihafte Zusammenfassung soziologischer Geschlechterforschung, oder im Sinne Simone de Beauvoirs: Frauen werden nicht geboren, sondern von der Gesellschaft gemacht. Warum Frauen immer noch so häufig die haushälterische Seite der Männer bilden, warum sie so selten in den Parlamenten, in den leitenden Positionen der Wirtschaft, als Professorinnen an den Unis und noch seltener als kirchliche Oberhäupter zu finden sind, warum sie für gleiche Arbeit oft schlechter bezahlt werden, warum sie häufiger als Männer Arbeiten verrichten, die ein niedriges Prestige genießen, all das sind Themen, mit denen sich Soziologie befaßt.

Bezeichnenderweise gibt es im Englischen zwei Begriffe: »Sex« und »Gender«, die beide im Deutschen mit »Geschlecht« übersetzt werden. »Sex« bezeichnet den biologischen Unterschied und »gender« soziale oder psychische Differenzen. Diese sprachliche Unterscheidung nimmt eindeutig Stellung bezüglich der kulturellen Machbarkeit von Geschlechtern. Hier taucht wieder der Begriff Sozialisation auf: Geschlecht wird anerzogen.

Mit der Zuordnung bestimmter Farben bei der Kleidung (hellblau für Jungs und pink für Mädels) geht es los. Spielzeug, Spielverhalten, sind die nächsten Schritte zum Erlernen geschlechtsspezifischer Rollen. Die Kinder eignen sich sehr schnell an, sich wie ein Mädchen oder wie ein Junge zu verhalten, lange bevor sie selbst den biologischen Unterschied verinnerlicht haben. Aus diesem Rollenlernen entwickelt sich nach und nach eine geschlechtsspezifische Identität. Die Kinder fühlen sich als Jungen oder als Mädchen, woraus sich bestimmte Verhaltenserwartungen an sich selbst ergeben, aber auch bestimmte Erwartungen an die Mitglieder des eigenen bzw. des anderen Geschlechts. Meistens wird versucht, dem vorherrschenden Bild, das durch die Gesellschaft und deren Vermittlungsinstanzen (Medien, Erziehung) aufgetischt wird, zu entsprechen. An diesen Geschlechtsbildern – inzwischen ist die Auswahl etwas gewachsen: es gibt verschiedene Versionen von Weiblichkeit und Männlichkeit, aus denen sich die Individuen ihre Lieblingsvariante auswählen können – gilt es sich zu orientieren, und letztendlich findet, ob bewußt oder unbewußt, ein permanenter Vergleich zwischen sich selbst und dem Ideal statt. Das geht weit über die Kleidung hinaus. Das geht bis hin zu weiblichen oder männlichen Bewegungen, Gangarten, Sitzarten, Gesprächsgestaltung oder Mimik. Den Geschlechtern werden verschiedene Eigenschaften zugeschrieben, die mit dem biologischen Unterschied in keinstem Zusammenhang mehr stehen. Wieso in erster Linie Jungen oder Männer Fußball oder Eishockey spielen, warum Soldaten meistens Männer sind, in der Krankenpflege aber überwiegend Frauen, warum es Krankenschwestern aber keine Krankenbrüder gibt, warum es eine Putzfrau, aber keinen Putzmann gibt, das sind kulturelle Angelegenheiten, mit denen sich Soziologie näher zu befassen hat.

Warum sollen Frauen für langweilige Arbeiten besser geeignet sein als Männer? Tatsache ist jedenfalls, daß die dem männlichen Geschlecht zugeschriebenen Eigenschaften wie Selbstbewußtsein, Selbstbeherrschung, gleichzeitig auch Eigenschaften sind, die von erwachsenen Menschen erwartet werden. Dagegen gelten die den Frauen angehängten Stereotypen wie Leidenschaftlichkeit, Unsicherheit oder Zärtlichkeit als kindlich, so daß es für Frauen unmöglich wird, gleichzeitig erwachsen und weiblich zu sein.

Aber das ist noch nicht alles: Frauen werden selten eigenständig gesehen, meistens jedoch aus Sicht der Männer und bezogen auf Männer. Feministische Soziologie beschäftigt sich mit derartigen Problemen: Die Linguistin Luise F. Pusch beispielsweise hat in vielen Beiträgen die Mann-Zentriertheit des männlichen und weiblichen Denkens analysiert. Und ebenso wie es notwendig war, das geozentrische Weltbild abzulösen, zu erkennen, daß die Erde keine Scheibe ist, so hätten wir doch eine Frau Kopernika nötig, die unsere desinformierten Gehirne auf die richtige Umlaufbahn bringt, um endlich festzustellen, wie Gerda Lerner meint, daß die Frauen nicht um die Männer kreisen, keine männlichen Trabanten sind.

Weibliches Einmischen in die Wissenschaft, und das gleich mit einer feministischen Variante, ist eine Konsequenz aus dem fast vollständigen Ausschluß weiblicher Wissenschaftsbeiträge in der Geschichte der Menschheit. Feministische Autorinnen verschiedener fachlicher Richtungen weisen darauf hin, daß dieser Ausschluß die Qualität der Wissenschaft einseitig beeinflußt. So fehlte der Wissenschaft lange Zeit nicht nur ein »weiblicher Blickwinkel«, sondern auch als Forschungsgegenstand blieben über die Hälfte der Menschheit und ihre Belange weitgehend unberücksichtigt. Die schweigsamen, unbeachteten Frauen, die den Alltag aller Gesellschaften und Epochen prägten, scheinen für die männliche Wissenschaft derart selbstverständlich zu sein, daß sie keinerlei Erwähnung bedürfen. Möglicherweise ebenso selbstverständlich, wie sie im Privatleben der Wissenschaftler deren Haushalt erledigen.

Feministische Wissenschaft ist sicher keine neue Erlösungsformel. Es geht ihr also nicht darum, aus der schlechten männlichen Welt eine gute weibliche Welt zu schaffen, so wie viele (männliche) politische Ideologien gerne aus schlecht gut machen würden, sondern es geht darum, den völlig legitimen weiblichen Anspruch auf Mitgestaltung der Welt einzulösen. Und zwar nicht als Assistentinnen männlichen Fortschritts. Aber die feministische Idee von Wissenschaft kritisiert auch Methodik und Anspruch der Wissenschaft. Die Ideale »Wertfreiheit« und »Objektivität« als weiße Hemden der männlichen Wissenschaft werden von den Frauen nicht kritiklos an die Leine gehängt, sondern fallengelassen. Der willkürliche Ausschluß der Frauen aus der Wissenschaft verstößt nämlich selbst gegen deren eigene Prinzipien, um nur ein treffendes Gegenargument zu nennen.

Schließlich bleibt auch bei einer feministisch orientierten Wissenschaft die Frage offen, ob sie denn eine gerechtere, eine bessere Wissenschaft ist. Dies wiederum hängt nicht zuletzt vom Ziel der Wissenschaft ab, und darüber läßt sich hoffentlich noch lange streiten. Darüber hinaus ist es keineswegs anti-innovativ, die eigene Methodik und Vorgehensweise in Frage zu stellen. Ob es jetzt besser ist, mit dem Untersuchungssgegenstand zu »verschmelzen«, ihn zum Subjekt zu machen oder ob eine möglichst unpersönliche Distanz zum Objekt zu einem besseren Verständnis führt, können wir hier nicht diskutieren, geschweige denn beantworten. Auf alle Fälle kann eine feministische Wissenschaft dazu beitragen, die ungerechtfertigte Idealisierung und Nützlichkeit der herrschenden Wissenschaft zu bezweifeln.

Jedoch sind die feministischen Ansätze keineswegs homogen. Es finden sich Positionen, die das besondere »Weibliche« gegenüber dem »Männlichen« betonen und auf die gleichberechtigte Verwirklichung dieser Attribute pochen, ebenso wie Positionen, die Unterschiede im Wesen weitgehend als »hausgemacht« betrachten und aus dieser Sicht heraus Gleichberechtigung und Chancengleichheit fordern.

5.4   Institutionen und Organisationen

Stärker als in anderen Fächern werden Studierende der Soziologie, vor allem zu Beginn des Studiums, mit der Umstellung konfrontiert, aus dem alltäglichen Sprachgebrauch bekannte Begriffe nun in Zusammenhängen und Definitionen zu gebrauchen, die mit der umgangssprachlichen Bedeutung nur noch wenig zu tun haben.

Wer, soziologisch unbelastet, »Institution« hört, denkt vielleicht an regelmäßige Treffs, die »schon zur Institution geworden« sind – etwa das samstägliche Frühstück in Monis WG – oder an öffentliche Einrichtungen – wie das Arbeitsamt oder die Uni. Und unter »Organisation« stellt man sich im allgemeinen eine große Zweckgemeinschaft vor – wie Amnesty International oder die Vereinten Nationen. Das ist alles schon nicht ganz verkehrt, für eine wissenschaftliche Herangehensweise, wie sie die Soziologie betreibt, aber zu ungenau. Wie lassen sich diese verschiedenen Beispiele unter einen Hut bringen?

Den angeführten Assoziationen liegt als Gemeinsamkeit das Bild eines geordneten Zusammenspiels einer – meist größeren – Anzahl von Menschen zu einem bestimmten Zweck über einen längeren Zeitraum hinweg zugrunde.

Für den interessierten Sozialwissenschaftler schließen sich hier gleich eine ganze Reihe weiterer Fragen an: Wie sieht diese Ordnung des Zusammenspiels aus, warum findet es überhaupt statt, warum spielen die Beteiligten mit? Wie und warum ist die Kooperation, und letztlich das Zusammenleben von Individuen möglich?

Das sind zentrale Fragen dieses Fachs, und so verwundert es nicht weiter, daß einer der ersten Vertreter, Emile Durkheim, die Soziologie als die Wissenschaft von den Institutionen konzipierte.

Die Mitglieder jeder Gesellschaft haben bestimmte gemeinsame Grundbedürfnisse. Zuallererst müssen sie sich miteinander verständigen können. Sie sind vermutlich an Nachkommenschaft interessiert, sei es nur, um ihre Versorgung im Alter zu gewährleisten, es ist manchen von ihnen wohl auch an einer gewissen Stabilität der Verhältnisse gelegen. Zur Befriedigung dieser von allen geteilten Bedürfnisse dienen gemeinsame Einrichtungen, wie etwa die Sprache, die Familie oder der Staat. Die Struktur dieser Einrichtungen muß natürlich relativ beständig sein, sollen sie ihren Zweck doch länger erfüllen. Sie werden deshalb in den gesellschaftlichen Gruppen und ihren Mitgliedern möglichst fest verankert, sie werden in größere Sinnzusammenhänge eingebunden, es werden Begründungen für die unbedingte Notwendigkeit ihrer Existenz gefunden. Für den Einzelnen, der es mit ihr zu tun hat, sind die Regeln und Plätze ziemlich starr vorgegeben und werden von den anderen z.T. sehr scharf bewacht. Dafür weiß er auch in etwa, woran er ist, muß nicht ständig mit allem rechnen. Institutionen haben so zum einen zwar oft Zwangscharakter, vermitteln zum anderen aber auch Sicherheit.

Der erste Aspekt wird hervorgehoben, wenn die Entstehung von Institutionen aus einer »mangelnden Instinktausstattung« des Menschen abgeleitet wird. Es wird argumentiert, daß Menschen – im Gegensatz zu anderen Säugetieren – kaum über angeborene Verhaltensformen verfügen, die ihnen das Zusammen- und Überleben erleichtern könnten. Dafür sind sie lernfähig: Positiv erlebtes Verhalten wird zur Gewohnheit und ersetzt die fehlenden Instinkte. Institutionen lenken und stabilisieren aus dieser Blickrichtung menschliches Verhalten.

Die Einschränkung individueller Handlungsalternativen wollen wir aber nicht nur als höchst willkommene Entscheidungshilfe betrachten. Das wäre so ähnlich, als solle man sich darüber freuen, wenn es im Supermarkt nur noch Kinco Light gibt, weil die Auswahl aus fünf Cola-Sorten immer so schwer fällt.

Am Beispiel von Familie und Ehe wurde schon deutlich, daß auch Institutionen Wandel unterliegen, in ihrer Bedeutung ab- oder zunehmen, durch neue ersetzt werden. Möglicherweise sind neue Formen der Partnerschaft besser geeignet, in der individualisierten Gesellschaft die Funktionen zu übernehmen, die bisher der Familie zufielen.

Wenn wir nun z.B. den Staat unter Institution genannt haben, was ist dann eine Organisation? Beide Begriffe hängen in der Soziologie eng miteinander zusammen. Während bei der Institution im Vordergrund steht, welcher Zweck dahinter steckt, auf welche Art und Weise er erfüllt wird, interessiert an der Organisation eher der Aufbau eines sozialen Gebildes, die Hierarchien, die Kommunikations-

und Kooperationsformen. Organisationen werden in den Sozialwissenschaften als typische Produkte der Moderne und ihrer arbeitsteiligen Industriegesellschaft betrachtet. Sie sind ausgerichtet an Rationalität, bestimmt von bürokratischen Strukturen.

Gerade in den ersten Semestern dürfte das Interesse für Organisationssoziologie sich bei den meisten noch in Grenzen halten, da ihr ein »bürokratischer« Geruch anhängt. Irgendwann im Hauptstudium aber, wenn sich die Frage der Verwertbarkeit der Studieninhalte immer öfter und drängender stellt, und die ersten anfangen, Betriebswirtschaft als Nebenfach zu wählen, um ihre Chancen auf dem Arbeitsmarkt zu verbessern, rückt dieses Gebiet der Soziologie früher oder später ins Blickfeld. Doch sei angemerkt, daß Organisationssoziologie nicht nur ein Fach für ideologische »Umfaller« ist.

5.5   Macht und Herrschaft

Sind die Unterschiede der Lehrinhalte und der theoretischen Blickwinkel, aus denen an sie herangegangen wird, sonst auch noch so groß: Wenn es um die Begriffe »Macht« und »**Herrschaft**« geht, wird jeder Studienanfänger der Soziologie zunächst auf die vielzitierten Definitionen Max Webers stoßen.

Der legte zu Beginn seines Werkes »Wirtschaft und Gesellschaft« fest, Macht sei »jede Chance, den eigenen Willen auch gegen Widerstreben durchzusetzen, gleichviel, worauf diese Chance beruht«. Ein Vorzug dieser Definition ist, daß sie sich auf alle Bereiche menschlichen Zusammenlebens anwenden läßt, die wir schon kennengelernt haben, auf die Mikro-Ebene der Familien und Kleingruppen ebenso wie auf die Makro-Ebene der Wirtschaft und des Staates.

Hier wollen wir noch einmal verdeutlichen, daß sich ein und dasselbe Phänomen je nach der gewählten Betrachtungsweise ganz anders darstellen kann. Im Abschnitt über die Liebe (vgl. Abschn. 4.1) wurden kurz Rüdiger und Toni erwähnt. Daß der eine den anderen die Hausaufgaben abschreiben läßt, damit der ihn im nächsten Sportunterricht nicht schikaniert, können wir durchaus als Tauschgeschäft zwischen den beiden betrachten. Viel interessanter erschiene es uns aber, die Beziehung der beiden und der anderen

Schüler in der Klasse im Hinblick auf Machtverhältnisse zu untersuchen. Ähnlich auf gesamtgesellschaftlicher Ebene: Manche Soziologen befassen sich vorrangig damit, bestehende Verhältnisse, Regeln, Vorgaben danach zu untersuchen, welche wichtigen Funktionen sie für das Miteinander erfüllen. Andere Wissenschaftler versuchen eher aufzudecken, wem warum an der Aufrechterhaltung bestimmter Zustände gelegen ist, welcher Mittel er sich dazu bedient, vielleicht sogar mit der Frage, wie diese Zustände dennoch verändert werden können.

Kommen wir noch einmal zu Rüdiger und Toni zurück. Wenn im Sozialkundeunterricht die Idee aufkommt, einmal die Klasse unter soziologischen Gesichtspunkten zu untersuchen, kann Toni da an einer Aufdeckung der Machtverhältnisse gelegen sein? Vielleicht ist ihm der ganze Sozialkundeunterricht schnuppe, aber daß vor Klasse und Lehrer sein Verhalten gegenüber Schwächeren diskutiert wird, empfände er sicher als unangenehm. Wenn wir ihm noch einen hellen Kopf attestieren, können wir also davon ausgehen, er wird sich mit all seiner »Überzeugungs«-Kraft dafür einsetzen, daß das Forschungsinteresse sich mehr darauf konzentriert, welche gemeinsamen Ziele die Klasse hat, wie diese gemeinsam verfolgt werden, welche Aufgaben die Einzelnen zu diesem Zweck übernehmen.

In Abgrenzung der Macht, deren Ausübung vollkommen willkürlich sein kann, setzt Herrschaft im soziologischen Sprachgebrauch eine bestimmte Anerkennung voraus, wird dadurch auch kontrollierbar. Ziehen wir hier noch einmal Max Weber heran, der unter Herrschaft die Chance versteht, »für einen Befehl bestimmten Inhalts bei angebbaren Personen Gehorsam zu finden«. Diese Chance ist natürlich umso höher, die Wahrscheinlichkeit des Widerstands umso niedriger, je stärker der Herrschaftsanspruch für rechtmäßig gehalten wird. Weber unterscheidet anhand dieses Kriteriums drei reine Typen legitimer Herrschaft:

1. **Legale Herrschaft** gründet auf dem Glauben an die Legalität gesetzter Ordnungen und deren Vertreter.

2. **Traditionale Herrschaft** basiert auf dem Glauben an die Heiligkeit geltender Überlieferungen und der durch sie zur Herrschaft bestimmten.

3. Charismatische Herrschaft wird gestützt durch den Glauben an heldenhafte, vorbildliche oder anders verehrungswürdige Herrscherpersonen und die durch sie verkörperte Ordnung.

Eine spezielle Form der legalen Herrschaft in der modernen Gesellschaft sieht Weber in der bürokratischen Herrschaft. Deren Vorzüge, Rationalisierung und Objektivierung der Machtausübung, machen auf der Kehrseite der Medaille auch ihre Gefahren aus. Zum einen ist recht großer Verlaß auf die Befolgung bestimmter Verfahren. Entscheidungen, die mit dem Wissen und der Erfahrung einzelner Personen kaum mehr zu treffen wären, werden von Spezialisten-Gruppen gefällt. Andererseits sind deren Entscheidungen dann von den Betroffenen oft nicht mehr nachvollziebar. Bei Kritik können sie sich allzu leicht auf ihr Spezialwissen und Sachzwänge berufen, die den Verwalteten nicht mehr zugänglich sind.

Gerade die gesetzte Ordnung einer bürokratischen Herrschaft – ursprünglich Basis ihrer Rechtmäßigkeit – kann zum Verhängnis werden, wenn sie durch die Trägheit starrer Strukturen nicht mehr in der Lage ist, sich neuen Entwicklungen anzupassen. Interne Organisationsabläufe werden dann oft wichtiger als die eigentlich zu verfolgenden Ziele.

Das frühere Mitglied der britischen Künstler-Gruppe »Monty Python«, *Terry Gilliam*, zeichnete in seinem Film »Brazil« von 1984 ein alptraumhaftes Szenario bürokratischen Irrsinns: Aufgrund eines Amtsirrtums wird ein völlig Unbeteiligter festgenommen und getötet. Die Verwechslung wird zwar erkannt, Fehler des Systems darf es jedoch nicht geben. Einer inneren bürokratischen Logik folgend, treiben die Beamten bis zum Ende des Films die unmenschlichen Konsequenzen auf die Spitze.

5.6 Werte und Wandel

Die Freiheit ist keine Philosophie und nicht einmal eine Idee: Sie ist eine Regung des Bewußtseins, die uns in bestimmten Momenten dazu bringt, zwei Wörter auszusprechen – »ja« oder »nein«. In dieser Kürze eines Augenblicks, wie im Licht des Blitzes, spiegelt sich das Gegensätzliche der menschlichen Natur.

Octavia Paz

Werte tauchen in der Soziologie immer wieder auf: Was hält die Gesellschaft zusammen? Warum können oder müssen wir einen Alltag leben? Sie sind die allgemeinste Grundlage menschlichen Handelns: Ethische Vorstellungen über das Zusammenleben der Menschen, verankert in deren Köpfen. Jede Gesellschaft vermittelt ihre Werte im Rahmen der Sozialisation. Werden Kinder religiös erzogen, sind die vermittelten Wertevorstellungen meist identisch mit einem »Willen Gottes«, obwohl sie in unserer Gesellschaft nicht mehr von der Existenz eines Gottes abhängig gemacht werden. Aus ihnen lassen sich Normen ableiten, die wiederum nur zur Geltung gelangen, wenn die dahinterstehenden Werte akzeptiert werden. Normen sind die Spielregeln für das große Monopoli, um die dahinterstehenden Werte Freiheit, Ordnung oder Gleichheit konkret auszudrücken, damit alle darunter das gleiche verstehen. Werte sind von der jeweiligen Kultur abhängig: So kommt es, daß eine Mauer für die einen Schutz ihrer Freiheit, für die anderen eher Schutz vor ihrer Freiheit ist. Die unzähligen Menschenrechtsverletzungen sind ein Ausdruck dafür, daß auch innerhalb einer Kultur unterschiedliche Wertevorstellungen herrschen, bzw. daß Menschenrechte als Wertevorstellungen nicht überall den gleichen Stellenwert haben.

Wie entstehen Werte? Karl Marx sah die Werte in Abhängigkeit von der ökonomischen Situation, als Teil des Überbaus, der durch die Basis der Eigentumsordnung bestimmt wird:

> *Es ist nicht das Bewußtsein der Menschen, das ihr Sein, sondern umgekehrt ihr gesellschaftliches Sein, daß ihr Bewußtsein bestimmt.*

Mad Max Weber – neben Old Marx und Lehrer Durkheim einer der einflußreichsten Soziologen – hat in seinen Studien Zusammenhänge zwischen der religions-inspirierten Arbeitsmoral und Lebensführung und der wirtschaftlichen Entwicklung gefunden. Demnach haben die asketischen protestantischen Werte – Genügsamkeit, stures Rackern und Erfolgsstreben – das Entstehen des Kapitalismus begünstigt. Anders als Marx sieht Weber hier die gesellschaftlichen Werte als Grundlage der ökonomischen Situation. Dennoch geht Weber grundsätzlich von einer Wechselwirkung und gegenseitigen Beeinflussung der beiden Ebenen aus.

Werte ordnen jegliches sinnorientiertes Handeln. Jede soziologische Kategorie, jede Dimension, nach der die Gesellschaft eingeteilt werden kann, basiert auf einem Wertesystem: Ganz gleich, ob Bildung, Familie oder Arbeit. Es ist davon auszugehen, daß es Werte gibt, die von einer Mehrheit akzeptiert werden, anders ist es nicht zu verstehen, daß eine Gesellschaft relativ reibungslos »funktioniert«. Selbst wenn im Sinne von George Orwells 1984-Gesellschaft totalitäre Staaten eine absolute Macht über die Individuen haben und sogar die Gedanken kontrollieren, basiert dieser Staat dennoch auf passiver Zustimmung – egal wie diese erreicht wird –, denn ein Staat der sich auf subjektiv erlebte Unterdrückung einer großen Mehrheit stützt, wird sich nicht dauerhaft halten können.

Werte stellen dem Ist-Zustand der Welt einen Soll-Zustand gegenüber, in dessen Richtung sich der Ist-Zustand verändern soll. Der Ist-Zustand entspricht dem Wissen über die Wirklichkeit. Der Soll-Zustand folgt einer Wunsch-Vorstellung über die Wirklichkeit, die nicht dem Ist-Zustand entspricht. Beide beeinflussen sich wechselseitig und beruhen aufeinander. Wer nicht weiß, was der Begriff Keuschheit meint, wird sich auch schwerlich danach richten. Aber selbst wer diesen Begriff der Keuschheit kennt, richtet sich nicht unbedingt danach. Der Begriff der Keuschheit ist einer jener Werte, die in modernen Gesellschaften kaum mehr Ordnungsfunktion haben, weil er von einer Mehrheit als überholt angesehen wird und Gedanken der freien Selbstentfaltung und -enthüllung entgegensteht.

Selbst als besonders rational angesehenes Handeln, wie ökonomisches Handeln, spielt sich innerhalb eines Wertesystems ab. Wer zielgerichtet handelt und sei es, daß er krankhaft Geld scheffelt, hier und dort spekuliert und auch noch seine Oma als mobile Lebensversicherungsaktie auf den Markt wirft, handelt entsprechend der Wertvorstellung, es sei gut, »viel Geld zu besitzen«.

Das Woher und Wohin des Menschen, das Wechselspiel von Leben und Tod und die Frage nach dem Sinn dieser endlosen menschlichen Austausch-Prozedur ist ein Spiel für Philosophen. Das Woher und Wohin der Gesellschaft, die Frage nach dem Zusammenhalt von Gesellschaften, von Wandel und dessen Ursachen, steht auf dem Speiseplan der Soziologen. Selbstverständlich gibt es auch bei den Werten, wie bei anderen soziologischen Dimensionen das gute alte

Henne-Ei-Spiel: Orientieren sich die Menschen an bereits vorhandenen Werten, richten sie ihr Denken und Handeln danach oder entstehen die Werte aus einem gemeinsamen Bewußtsein über die Notwendigkeit von Werten?

In modernen Gesellschaften entführt Individualisierung die Menschenmassen aus der brüderlichen Umarmung großer Ideologien und Glaubenskonzerne, um sie für ihre Selbstentfaltung freizumachen: Im Koordinatensystem der menschlichen Orientierung wurden einige Achsen ausgetauscht. Nicht mehr alle Wege führen nach Rom oder Moskau. Unzählige Seitenstraßen sind hinzugekommen: Zur Bio-Sekte, zum Single-Treff oder zum Gorki-Rave.

Die Veränderung von Werten gilt zugleich als Anstoß und Ausdruck gesellschaftlichen Wandels. Das heißt, Leitlinien, die die Menschen bis dahin entweder als sinnvoll oder verpflichtend betrachteten, werden dann anders empfunden: als überflüssig, altmodisch oder unmenschlich. Die Ablösung alter Werte geschieht in der Regel durch eine neue, nachwachsende Generation, die das Verhalten oder Denken ihrer Eltern ablehnt. Beispiel vorehelicher Geschlechtsverkehr: Zu Jugend-Zeiten unserer Großeltern in hiesigem Kulturkreis sicher ein deutlicher Verstoß gegen die guten Sitten, aber heute redet fast keiner mehr darüber, sofern nicht andere sittenwidrige oder gar rechtswidrige Aspekte in Betracht kommen. Neben dem vielen Kulturen eigenen jugendlichen Protestpotential können auch Einflüsse anderer Kulturen den Wandel fördern, wenn dort diese Werte schon länger abgelöst wurden oder nie sehr bedeutend waren. Religiöser Fundamentalismus, wie er islamischen Staaten vorgeworfen wird, wird als Versuch gedeutet, alte Werte und Kulturpraktiken vor fremden Einflüssen zu schützen.

Im Gegensatz zu der bereits erwähnten Studie von Inglehart (vgl. Abschnitt 4.4.1), die Wertorientierungen als Sozialisationsfolge beschreibt, weist der Amerikaner Daniel Bell auf die »kulturellen Widersprüche des Kapitalismus« hin: Er sieht in den gegensätzlichen Wirkungsmechanismen der gesellschaftlichen Bereiche Kultur (eher im Sinne von Kunst) und Sozialstruktur (zu der er auch die Wirtschaft zählt) den Ausschlag für den Wertewandel. Gerade die Ökonomie bedurfte zunehmend einer konsumierenden, luxussüchtigen Gesellschaft, um ihre oft überflüssigen Produkte abzusetzen. Mit der spartanischen Lebensweise des puritanischen Protestanten war das unvereinbar. So förderte die Wirtschaft via Vermarktung einer zunächst bohemischen Kultur-Avantgarde einen konsumierenden Lebensstil, der den Arbeitsethos, wenn nicht ersetzte, so wenigstens um eine konsumierende Lebensstil-Komponente ergänzte.

Als wertevermittelnde Instanz, der sich eine ganze Gesellschaft anschließt, wurde klassischerweise immer die **Religion** erwähnt. Religion, im herkömmlichen Sinn von kollektivem Glaubens-Code, wie er in Deutschland durch die großen Kirchen verkörpert und vergeistigt wird, verliert zusehends Bindekraft. Kirchenaustritte, Mangel an Priester- und Klosternachwuchs, leere Gebetshäuser und sinkende Steuereinnahmen führen zum ökonomischen Denken in den Entscheidungsetagen. Kirche als Instanz religiösen Glaubens hat ihr Sinn-Monopol längst abgetreten. Durch den Anschluß der DDR hat der Prozentsatz der Konfessionslosen noch mal kräftig zugelegt. Wie aber wirkt sich diese »Glaubensverdrossenheit«, die vor allem auch eine »Kirchenverdrossenheit« ist, auf den Zusammenhalt der Gesellschaft aus?

Trotz groß angelegter Wehklagen über den Werteverfall kann nicht behauptet werden die Gesellschaft sei »schlechter« geworden, oder verfalle in prä-republikanische Barbarei. Außerdem läuft dem Trend zunehmender Rationalisierung der Trend der »Wiederverzauberung unserer Welt«, eine neue Spiritualität entgegen, wie schon die Romantik sich als Gegenbewegung zur Aufklärung begriff. Nur bewegt sich dieser Trend eher auf einer individuelleren Ebene. Es könnte von einer Privatisierung der Religion gesprochen werden. Überdies zeigt das Erstarken fudamentalistischer Kräfte in anderen Kulturkreisen, daß Veränderungen in der Wertorientierung und religiösen Praxis auch von breiten Bewegungen und von staatlicher Seite begegnet wird.

Soziologisch gesehen geht der Begriff Religion über die Definition als Glaube an eine höhere Macht oder nicht sinnlich erfahrbare Kraft hinaus: Religion kann für Emile Durkheim eine politische Ideologie oder die freie Selbstbestimmung des Einzelnen sein, sofern sie von einem Großteil der Gesellschaft akzeptiert wird oder als selbstverständlich erscheint.

In vormodernen Gesellschaften waren Religion und soziale Ordnung nicht getrennt. Der König war Gottes Vertreter auf Erden und die Versorgung der Grundbedürfnisse ließ keinen Spielraum für individuelle Bastel-Biographien, wie sie den heutigen, fortgeschrittenen Mitgliedern der Gesellschaft von einigen Sozialwissenschaftlern angehängt werden. Religion und Gottesfurcht dienten in vielen Gesellschaften zur Legitimierung von Macht und Herrschaft und zur Unterdrückung abweichenden Verhaltens. Von der kirchlichen Trauung bis zu den Kreuzzügen: Religion durchdrang alle Bereiche des täglichen Lebens, schob die Ehefrauen an, die Hexen in den Herd und die Männer zur angewandten Nächstenliebe in den heiligen Krieg.

Das größte Problem der modernen Religion war die Aufklärung, die bis dato göttliches Wirken weitreichend auf »natürliche« Erklärungen zurückführte. Dadurch erfuhr die Religion, als Philosophie göttlicher Ordnung, enormen Glaubwürdigkeitsverlust. Vom einstmals ganzheitlichen Erklärungsanspruch ist wenig geblieben. Die christlichen Kirchen maßen sich zwar immer noch an, mit ihrem Glauben eine Art Sinnmonopol zu besitzen, aber das Vordringen der Marktmechanismen in immer weitere Bereiche zwingt auch die Kirchen zum Glaubens-Management und zu (meist wenig geistreichen) Werbemaßnahmen.

Wenn Wertewandel verzeichnet wird oder der Einfluß bestimmter Werte schwindet, wollen die Soziologen wissen, was an deren Stelle getreten ist: Steht am Ende der Volksreligionen eine unüberschaubare Zahl von Privatreligionen, wie sich auch die politischen Volksparteien sinkender Wähler- und Mitgliederzahlen erfreuen, auf daß irgendwann jeder seine eigene Privatpartei hat?

Soziologie entstand in Zeiten gesellschaftlichen Wandels (Industrialisierung) und blieb diesem Thema verhaftet. Wie kommt es zu sozialem Wandel? Ändern sich Gesellschaften nach gewissen Gesetzmäßigkeiten? Was sind die Auslöser sozialen Wandels?

Wir haben im 2. Kapitel das Drei-Stadien-Gesetz von Auguste Comte vorgestellt. Es kann als ein Versuch gesehen werden, sozialen Wandel zu beschreiben. Ähnlich machte sich Karl Marx daran, die Geschichte der Menschheit als mehrstufige Entwicklung zum Kommunismus zu zeichnen: Urgesellschaft – Sklavenhalterordnung – Feudalismus – Kapitalismus – Sozialismus bzw. Kommunismus hießen die Etappen ins Paradies.

Wenn es um aktuelle gesellschaftliche Veränderungen geht, verlassen auch Soziologen oft das »neutrale« Terrain. Wer eine bestimmte optimistische oder pessimistische These vertritt wird überall Bestätigung für seine Hypothesen finden. Wer behauptet, die Deutschen würden aussterben, weil sich die Frauen zu sehr um ihre Bildung statt um ihren Gebärauftrag kümmern, der sieht sich die rückläufigen Geburtenzahlen an und kann sich ordentlich die Haare raufen: 1950 wurden in der BRD pro 1000 Einwohner etwa 16 Kinder lebend geboren, 1992 waren es nur noch 10. Wenn eine ganze Generation der Fortpflanzung asketisch gegenübersteht, kann auch der potenteste Großfamilienfreund nicht dagegen an produzieren. Wer dagegen meint, es gäbe immer noch genügend, vielleicht sogar viel zu viele Deutsche, der wird die heutigen Zahlen mit denen vor 50 Jahren vergleichen, und feststellen, daß die Deutschen sich erstaunlich vermehrt haben. 1950 lebten in der BRD ca. 50 Millionen Menschen, 1985 waren es schon 60 Millionen (in den alten Bundesländern). Hier sind natürlich allerhand Irrtümer integriert: Um die eine These gegen die andere abzuwägen, müssen klare Begriffe her, die meistens nicht existieren. Was sind denn z.B. Deutsche? Sind das die Menschen, die zum Erhebungsstichtag ihren festen Wohnsitz in der BRD haben, also auch Asylbewerber und Zuwanderer aus anderen EG-Ländern? Die Liste der Probleme und Aufgaben ist endlos: Die Welt rückt zusammen, weil die ökologischen, ökonomischen und sozialen Probleme nicht mehr von einem Staat allein geregelt werden können, sondern staats- und kulturübergreifende Zusammenarbeit erfordern. Gleichzeitig rückt die Welt auseinander, weil sich die Gegensätze etwa zwischen arm und reich, zwischen Macht und Ohnmacht vergrößern. Hier Lösungen anzubieten, wäre selbstverständlich auch für die Soziologie anmaßend. Ihre Aufgabe kann aber darin bestehen, einen gemeinsamen Weg mit anderen Wissenschaften zu suchen und nicht zuletzt die Einsicht zu fördern, daß die Probleme der Welt nicht aus einer euro-zentristischen Sicht gelöst werden können.

6.   Empirische Sozialforschung

Ein Unterschied zwischen Soziologie und Philosophie ist die Überprüfung der aufgestellten Thesen an der sozialen Realität. Soziologie muß also aus den Bücher-staubigen Höhen des Elfenbeinturms herabsteigen und sich mit ihren vielen Fragen auf die Straße begeben, wo das Leben pulsiert. Dort muß der Soziologe mit seiner Forschungsausrüstung und einem guten Plan den Dingen auf den Grund gehen. Erst wenn der Griff in die Urne sich als glückliche Wahl erwiesen hat und die Waage richtig geeicht wurde, zeigt das Urteil, ob sich der Verdacht bestätigt.

6.1   Der Verdacht: Was wird erforscht?

»In heutiger Zeit gerät die Jugend dieses unseres Landes mehr und mehr auf sittliche und moralische Abwege: Ladendiebstahl, Gewaltverbrechen, Drogensucht, Prostitution und sogar vorehelicher Geschlechtsverkehr sind besonders in Großstädten an der Tagesordnung...« beginnt die Münchner Jugendzeitung Newsbrothers ihre Titelstory (2/91). Um dem zunehmenden Sittenverfall zu entkommen, empfehlen Newsbrothers die Beichte, »dieses sensible und individuelle Mittel zur Selbstreinigung«, erkennen aber gleichzeitig, daß u.a. »die verwirrende Vielfalt an Beichtgelegenheiten – gibt es doch in München mehr als 130 katholische Kirchen« ein Grund dafür sein könnte, daß so selten gebeichtet wird. Die Redakteure und Redakteurinnen testeten verschiedene Kirchen nach ihrer Beicht-Verbraucherfreundlichkeit: Wo beichtet es sich am besten? Wenn dieser »Beichtführer« auch keine Studie im wissenschaftlichen Sinne ist, sondern eher als Beitrag zur allgemeinen Erheiterung gedacht war, so eignet er sich dennoch, die wichtigsten Schritte einer soziologischen Untersuchung zu erklären. Wir wollen der Thematik dieser Studie folgen, aber an den entscheidenden Punkten genauer auf Probleme und Aspekte einer »richtigen« Studie eingehen.

Am Anfang steht ein **Forschungsinteresse**, eine Frage, ein Auftrag. Es ist denkbar, daß die katholische Kirche selbst herausfinden will, warum Jugendliche immer seltener in die Kirche gehen und noch seltener dort ihre Sünden loswerden. Bevor versucht wird, eine Annahme zu begründen, muß deren Richtigkeit geprüft werden. Vielleicht trifft es gar nicht zu, daß immer weniger Jugendliche zur Kirche gehen. Vielleicht ist es nur die Meinung einiger Priester, deren Gottesdienste ziemlich schwache Einschaltquoten verzeichnen, oder es sind die Behauptungen einiger Zeitungen, die der Kirche nicht wohlgesonnen sind. Studien können unter vielfältigen Gesichtspunkten unterschieden werden, z.B., wie angedeutet, nach der Forschungsabsicht:

▶ Die **beschreibende Studie** untersucht, wie etwas ist, erhebt, wieviele Jugendliche in einem bestimmten Zeitraum in die Kirche gingen, wieviele Menschen in einem Ein-Personen-Haushalt leben oder wen sie am nächsten Sonntag wählen werden.

▶ Die **erklärende Studie** untersucht, warum etwas so ist, sucht nach den Zusammenhängen zwischen gesellschaftlichen Veränderungen und der Zahl der Kirchenbesuche, fragt, warum immer mehr Menschen in Ein-Personen-Haushalten leben, warum bestimmte Altersgruppen diese oder jene Partei wählen.

▶ Die **erforschende Studie** sucht nach grundlegenden Erscheinungen und Zusammenhängen auf einem Gebiet, in dem noch wenig bekannt ist, um überhaupt Aussagen machen zu können, z.B. welche Kriterien beeinflussen das Beichtverhalten.

Bezüglich ihres Ablaufs, von der ersten Idee bis zur Präsentation des Forschungsberichtes, unterscheidet man drei Phasen:

1. Entdeckungszusammenhang: Die Karriere eines sozialen Problemes – von Null zum wissenschaftlichen Forschungsgegenstand.

2. Begründungszusammenhang: Das Problem wird systematisiert und bearbeitet, durch die Forschungsmühle gedreht – oben wird eine Theorie reingesteckt, unten kommen die Daten raus.

3. Wirkungszusammenhang: Damit das Forschen nicht umsonst war, werden die Daten in Tabellen gewickelt, mit Kurven verschnürt und als Ergebnis verkauft.

Im weiteren Ablauf werden diese drei Phasen noch weiter untergliedert, um die einzelnen Schritte zu erhellen. Wenn auf einem Gebiet schon viel gedacht und geforscht wurde, existieren meistens Theorien, also Gesetze und Aussagen über größere Zusammenhänge. Zum Beispiel die Individualisierungstheorie, die besagt, – grob vereinfacht – daß der moderne Mensch sich aus der Abhängigkeit traditioneller Bindungen und Lebensformen (Großfamilie, Kirchengemeinde, Berufsstand) gelöst hat und stattdessen seine Biographie selbst konstruiert und lenkt und sich in neue Formen sozialer Bindung begibt (Bürgerinitiativen, Single-Clubs, Projektgruppen). Eng damit zusammen hängt die Entstehung eines Werte-Pluralismus, die Abschwächung traditioneller, an der Gemeinschaft orientierter Ideen (Leistung, Patriotismus, Pflichterfüllung) zugunsten stärker am Individuum orientierter Ideen (Gleichberechtigung, Mitbestimmung, Selbstverwirklichung). Daraus lassen sich weitere Thesen oder Aussagen ableiten, die eine solche Theorie näher an das konkrete Forschungsinteresse herantragen. Ziel ist es, sehr allgemein gehaltene Gesetzmäßigkeiten Schritt für Schritt bis hin zu beobachtbaren »Sozial-Daten« zu übersetzen:

Als Legitimationssystem hat Religion auf dem Markt der Werte der Industriegesellschaft keine Chance für monopolistisches Auftreten mehr.

Diese These von Berger und Luckmann besagt, daß Religion in modernen Gesellschaften zu einem Werte-Produkt auf einem Werte-Markt geworden ist, und sich neben anderen Werte-Produkten behaupten muß. Dazu zählen Sekten ebenso wie der Selbstverwirklichungsgedanke als Lebensstil, wie Freizeit oder Gesundheit. Da diese These immer noch zu allgemein gehalten ist, muß sie noch weiter umgerüstet werden. Aus Theorien und Thesen lassen sich **Hypothesen** ableiten, das sind »Wenn-Dann-Aussagen« oder »Je-Desto-Aussagen«, die spezieller und entsprechend weiter eingeschränkt sind: z.B. »Die Abnahme der konfessionellen Bindung wirkt sich negativ auf die Teilnahmehäufigkeit bei Gottesdiensten aus.« In unserem Newsbrothers-Fall wäre eine Hypothese: »Je attraktiver die Beichte ist, desto höher ist die Beichtneigung der Jugendlichen.« Wenn die Kirche an sich und die Beichte im speziellen mit anderen Werte-Instanzen wie Sekten, Satanszirkeln oder Techno-Paraden konkurrieren muß, dann wird sie nur Erfolg haben, wenn sie diese an Attraktivität übertrifft, aus der Sicht der »Konsumenten«, versteht sich.

6.2   Der Plan: Das Forschungsdesign

Theorien und Hypothesen verknüpfen nur Begriffe, die so, wie sie dastehen, nicht beobachtet werden können, egal, ob es sich um Politikverdrossenheit oder Beichtattraktivität handelt. Bevor die Forscher oder die Studenten im Rahmen ihres Studiums ins Feld gehen, muß die Frage geklärt werden, wie der Begriff Attraktivität in der Realität gemessen werden soll. Wir kommen zur **Operationalisierung.** So bezeichnen Soziologen die Übertragung der nur theoretisch existierenden Vorstellungen in konkret beobachtbare oder meßbare **Indikatoren.** Aus dem relativ abstrakten Begriff »Attraktivität« wird so der Belag des Beichstuhls, die Dauer der Beichte und anschließenden Buße, die Einschätzung der Sünden durch den Pfarrer, die Wartezeit usw. Grundsätzlich muß begründet werden, warum aus der Menge der möglichen Indikatoren nur eine Auswahl zur Untersuchung herangezogen wird. Schließlich kann es sich auf das Ergebnis auswirken, ob die Wartezeit vor dem Beichtstuhl oder die Vergebungskompetenz des Priesters als Indikator in die spätere Bewertung eingeht.

Bei jedem dieser Schritte ist Systematik angesagt. Die Qualität einer Arbeit liegt nicht nur im Ergebnis, sondern vor allem im Weg dorthin. Außer der Auswahl der Untersuchungseinheiten darf nichts dem Zufall überlassen werden.

Zur **Untersuchungsform** gehört die Überlegung, wie die Daten erhoben werden. Hier können z.B. folgende drei Varianten unterschieden werden:

1. **Umfrage:** Viele Untersuchungseinheiten – Schüler, Betriebe, Selbsthilfegruppen, Kirchengänger – werden meist zu wenigen Aspekten befragt: Beichten Sie noch? Warum nicht mehr? Wann haben Sie das letzte Mal gebeichtet? Würden Sie häufiger beichten, wenn die Beichte attraktiver gestaltet wäre?

2. **Fallstudie:** Intensive Gespräche oder Beobachtungen von Einzelnen oder Gruppen, z.B. Tiefeninterviews mit Beichtgängern und Beicht-Aussteigern über ihre Beichtgefühle – dient vor allem zur Informationsgewinnung auf einem noch wenig beackerten Feld.

3. **Experiment:** Im Labor oder im Feld versucht man herauszufinden, ob die »unabhängige« Variable A (z.B. Übertragung der Bun-

destagsdebatte) die »abhängige« Variable B (z.B. Aggressionsnei-
gung der Zuschauer) beeinflußt. Dabei sollen mögliche störende
Einflußgrößen kontrolliert oder ausgeschaltet werden, z.B. um zu
vermeiden, daß die Höhe des Bußmaßes auf das Geschlecht des
oder der Beichtenden zurückzuführen ist, läßt man den Priester
von Vertretern beider Geschlechter testen.

Ferner muß überlegt werden, wo die Studie auf der Zeitachse angelegt werden soll. Hier unterscheiden die Soziologen:

1. **Querschnittstudien:** Eine Querschnittsstudie würde zu einem bestimmten Stichtag (der sich in der Praxis auf einen begrenzten
   Zeitraum ausdehnt) eine bestimmte Menge an Beichtstühle vergleichen.

2. **Längsschnittstudien**: Eine Längsschnittstudie vergleicht den
   Zustand oder die Attraktivitäts-Entwicklung von Beichtplätzen
   über einen längeren Zeitraum hinweg, indem in bestimmten Zeit-
   abständen die Messungen wiederholt werden.

Entscheidungen über die eingesetzten Forschungsmethoden werden
nicht zuletzt von den Kosten bestimmt. Die theoretisch beste Vorgehensweise scheitert oft am Geld. Wir beleuchten die ganzen Tricks
hier aus Platzgründen nicht ausführlich – sie werden erwähnt, um
die Fülle der Faktoren anzudeuten, die berücksichtigt werden müssen, um gute Sozialforschung zu machen.

Man könnte sämtliche Priester ins **Labor** schicken, sie bitten, einem
Sünder die Beichte abzunehmen, den Vorgang mit einer Kamera aufzeichnen und anschließend die verhängten Bußen anhand einer Skala
sortieren. Aufgrund praktischer Überlegungen entschied Newsbrothers
sich für das **Feld.** Sie gingen in die Kirche und beichteten dort, um die
Situation möglichst »natürlich« zu halten, ohne daß der Priester über
die **Erhebungssituation** informiert war. Hätte der Priester von der Untersuchung gewußt, hätte er vielleicht besonders milde – oder wahr-
scheinlicher – besonders drastische Bußen verhängt.

6.3 Die Urne: Das Auswahlverfahren

Soziologen hätten an unser Beispiel gründlicher und wissenschaftlicher herangehen müssen. Bevor Wissenschaftler ins **Feld** gehen, also

in die Kirchen marschieren, müssen sie sich überlegen, auf welche
Elemente ihre Aussagen zutreffen sollen. Es ist unfair, in zwei oder
drei Kirchen zu gehen und dann zu behaupten, beichten sei unat-
traktiv. Wo denn? In diesen zwei oder drei Kirchen? In den Münche-
ner Kirchen? In den bayerischen Kirchen? In den europäischen
Kirchen? Die Frage ist, wieviele Kirchen müssen wo getestet werden,
um die aufgestellte Behauptung überprüfen zu können?

Wer forschen will, muß zuvor die **Grundgesamtheit** definieren, die
Menge der Elemente über die mit der Untersuchung eine Aussage
getroffen werden soll. Bei Meinungsumfragen zur Bundestagswahl
ist das die Menge der wahlberechtigten Bundesbürger, im vorliegen-
den Beichttest sind es die katholischen Kirchen der Stadt München.
Studien kosten Zeit und Geld, darüber hinaus ist es nicht immer
möglich, alle Personen einer Gruppe zu erreichen, manchmal ist es
sogar unsinnig. Wer große Gruppen untersuchen will, muß sich mit
seiner Erhebung auf einen Teil der Leute beschränken. Da es nicht
gleichgültig ist, wer und wie befragt oder beobachtet wird, wurden
verschiedene **Auswahlverfahren** entwickelt, mit denen die Soziologen erreichen, daß grobe Verzerrungen vermieden werden.

Oberster theoretischer Grundsatz einer **Zufallsstichprobe** ist die
gleiche Wahrscheinlichkeit für jede Person (Untersuchungseinheit)
der Grundgesamtheit, in die Stichprobe zu gelangen. Viele klassische Fehlberechnungen beruhen auf Mißachtung dieser Regel, so
auch folgender Fall:

 ó Eine Telefon-Umfrage zur Amerikanischen Präsidentenwahl
  1936 ergab eine große Mehrheit für den Republikaner Landon.
  Doch die Wahl endete ganz anders: Mit einem Sieg des Demokraten Roosevelt. Obwohl über zwei Millionen Bürger befragt wurden, war den Forschern ein wesentlicher Fehler unterlaufen. Sie
  hatten übersehen, daß vor allem reiche Leute Telefone besaßen,
  und diese wählten mehrheitlich republikanisch. Die eher der
  Unterschicht entstammenden Wähler der Demokraten hatten
  deshalb nicht die gleiche Chance, ihre Wahlabsicht zu äußern.

Ein gegenwärtig häufig anzutreffender Auswahl-Flop ist die **willkürliche Befragung** in der Fußgängerzone. Man nehme ein Mikrofon
und ein Aufnahmegerät und quatsche die vorbeikommenden Leute

an. Zum einen kommen bestimmte Leute nie dort vorbei. Zum anderen neigt man dazu, eher sympathische Passanten anzusprechen. Jedenfalls sind solche Verfahren grundsätzlich nicht repräsentativ.

Repräsentativ heißt, die ausgewählten **Untersuchungseinheiten (Auswahlgesamtheit)**, also die Menge aller getesteten Beichtstühle, decken den Bereich der möglichen, für die Studie wichtigen Eigenschaften aller Beichtstühle ab. Wären alle Kirchen, alle Beichtstühle und Priester bezüglich der getesteten Eigenschaften gleich, würde es genügen, einen einzige Kirche zu untersuchen, um die Beichtattraktivität aller Kirchen festzustellen. Da es aber Kirchen mit milden und harten Priestern, harten und weichen Beichtstühlen, kurzen und langen Beicht-Wartezeiten gibt, muß die Auswahl so getroffen werden, daß die Verteilung dieser Eigenschaften in den ausgewählten Kirchen genauso vorhanden ist wie in der Menge aller Kirchen. Selbstverständlich variieren die Kirchen noch hinsichtlich vieler anderer Eigenschaften (Architektur, Größe, aktuelle Auflage der Gesangsbücher, Weihrauchkonzentration in der Luft, Temperatur), aber in diesem Fall interessieren nur die Eigenschaften, die für die Beichtattraktivität auschlaggebend sind. Besonders wenn man noch nicht weiß, welche Faktoren für die Beichtbesucher von Bedeutung sind, ist es wichtig eine Zufallsstichprobe zu ziehen. Die Größe der Stichprobe hängt weniger vom Umfang der Grundgesamtheit ab, als vielmehr von der Vielfalt der möglichen Ausprägungen der Untersuchungseinheiten. Je unterschiedlicher also die Kirchen und Beichtstühle hinsichtlich ihrer Attraktivitätsmerkmale sind, desto mehr Kirchen müssen getestet werden, damit die Wahrscheinlichkeit steigt, daß jede Attraktivitätsstufe berücksichtigt wird.

2000 gilt als magische Zahl der Sozialforscher, denn so viele Versuchspersonen oder Untersuchungseinheiten genügen, um z.B. das Ergebnis der Bundestagswahl ziemlich genau vorherzusagen – selbst bei 60 Millionen Wahlberechtigten – sofern die Befragten zufällig ausgewählt wurden. Bei Gruppen, deren Meinungen weniger auseinandergehen (**streuen**), und wenn zusätzlich die Fragestellung sich auf wenige Punkte bezieht, genügen entsprechend weniger Versuchspersonen. Zufallsstichproben funktionieren wie die Ziehung der Lottozahlen. In der Sozialforschung übernimmt der Computer den Job der Lostrommel. Je nach Grundgesamtheit werden die Versuchspersonen, die Kirchen und Wähler aus verschiedenenen Verzeichnissen entnommen: In der Praxis entsteht oft das Problem, daß immer wieder Menschen und bestimmte Personenkreise nicht erfaßt werden (undercoverage), weil sie z.B. keinen festen Wohnsitz oder keinen Telefonanschluß haben, und in der Auswahlliste deshalb nicht auftauchen. Umgekehrt geraten Leute in die Liste, die eigentlich nicht zur gefragten Personengruppe gehören (overcoverage), weil sie z.B. in einem Ort gemeldet sind, aber dort nicht leben.

6.4   Die Waage: Die Datenerhebung

In diesem Abschnitt sollen die soziologischen Waagen und Maßbänder vorgestellt werden, die Instrumente, mit denen die gewünschten Informationen gemessen und sortiert werden: Die **Ausprägungen** der **Variablen** (Daten) – Wartezeit vor dem Beichtstuhl (in Minuten), Bußhöhe (nach Anzahl, Länge und Schwierigkeit der Gebete), Komfort des Beichtstuhls (Holz oder Polster).

Die Daten, die in einer soziologischen Studie erhoben werden, sind sehr unterschiedlicher Art und können nicht ohne weiteres verglichen oder zusammengezählt werden. Soziologen kennen:

▶ **Qualitative** Daten: Informationen, die gar nicht oder nur schwer in Zahlen ausgedrückt werden, z.B. Antworten auf Fragen bei psychiatrischen Tiefeninterviews, Vergebungsformel des Priesters, subjektives Wohlbefinden bei der Beichte.

▶ **Quantitative** Daten: Informationen, die als Zahlen erhoben werden oder einfach in Zahlen verwandelt werden können, z.B. Beichthäufigkeit von Kirchengängern, Alter des Priesters, Anzahl der Bußeinheiten (10 »Ave Maria« und 7 »Vater Unser«).

Je nach Art der Daten stehen unterschiedliche statistische Verfahren zur Auswertung zur Verfügung. Erhoben werden sie hauptsächlich mit folgenden Instrumenten:

▶ **Befragung**: Der Forscher angelt sich an einem Fragebogen entlang.

▶ **Beobachtung**: Der Forscher beobachtet mehr oder weniger versteckt, mehr oder weniger teilnehmend seinen Untersuchungsgegenstand.

▶ **Inhaltsanalyse**: Meist als Text- oder Filmanalyse.

Das beliebteste Werkzeug der Soziologen scheint der **Fragebogen (FB)** zu sein. Nur da, wo er sich nicht sinnvoll einsetzen läßt, werden die anderen Verfahren bevorzugt: Untersuchungen, bei denen Fragen das Verhalten der Versuchspersonen beeinflussen könnten, z.B. wenn es um das Verhalten in Gruppen geht, oder Studien, bei denen die Versuchpersonen nicht (mehr) zur Verfügung stehen, z.B. Forschungen zur Bußqualität zu Zeiten der Inquisition. In manchen Studien werden die verschiedenen Meßinstrumente kombiniert.

Befragung wird in drei Arten angeboten:

1. **schriftliche Befragung**: Versuchspersonen füllen den FB selbständig aus.

2. **telefonische Befragung**: An einem Ende der Leitung ist der Forscher und trägt die Antworten in den FB oder hackt sie in den Computer.

3. **persönliches Interview**: Der Interviewer steht der Versuchsperson mit Fragebogen und eventuell einem Aufnahmegerät gegenüber.

Auch diese Methoden wollen sorgfältig ausgewählt werden, denn jede birgt ihre Tücken und hat ihre Vorteile. Das gleiche gilt für Beobachtung und Inhaltsanalyse. Im Rahmen des Beichttests wäre vermutlich keine Befragung möglich gewesen. Dem Priester ein Mikrofon vor die Nase halten, und sich nach seinem durchschnittlichen Bußmaß für den Diebstahl eines Walkman erkundigen? Eher nicht. Die Verhaltensbeobachtung war in diesem Fall die einzige Möglichkeit. Anders wäre es gewesen, Beichtkonsumenten nach den Eindrücken von ihrem Beichterlebnis zu fragen: »Sind Sie mit Ihrer Beichte zufrieden?« »Welche Verbesserungsvorschläge haben Sie?«

Wie muß ein Fragebogen gestaltet sein, damit er dem Ziel des Forschers nahe kommt, möglichst richtige und genaue Antworten zu bekommen? Womit fange ich an? Womit höre ich auf? Wie lang soll er sein? Worauf muß ich bei Sprache, Layout und Inhalt achten? Welche Tabus gibt es? All das hängt auch von der Art der Befragung ab.

Bei der Beobachtung wird aus dem bloßen »Zuschauen« ein systematisches Aufzeichnen von Verhalten anhand bestimmter Kriterien.

Der Forscher kann verdeckt oder offen vorgehen, am beobachteten Geschehen teilnehmen oder nicht. Insofern wären die Newsbrothers verdeckte, teilnehmende Beobachter.

Unter Inhaltsanalyse verstehen Soziologen die Auswertung von Texten oder Filmen, um herauszufinden, welche Wörter ein Politiker bevorzugt verwendet oder wie Themen, z.B. Waldsterben, in den Medien auftauchen und wieder verschwinden.

Um die Beichtattraktivität verschiedener Kirchen vergleichen zu können, müssen die erhobenen Daten vergleichbar sein. Das ist schwer, wenn der eine Forscher ein Reagenzglas mit Kirchenluft, der andere ein Foto seines Priesters, und der dritte eine Stoppuhr mitbringt. Einleuchtend ist, daß im Falle einer Befragung jeder **Versuchsperson** die gleichen Fragen gestellt werden. Die Newsbrothers einigten sich auf eine Einheitssünde, »den Diebstahl eines ca. 100 DM teuren Walkman«, mit der jeder Beichtling seinen Pfarrer konfrontierte. Nur so war es möglich, das Bußmaß der jeweiligen Priester zu vergleichen. Unzureichend berücksichtigt wurde jedoch die unterschiedliche Wirkung der Beichtenden auf die Priester. Es hätte vermieden werden müssen, daß das gemessene Bußmaß von Auftreten und Geschlecht des Beichtenden verzerrt wird (**Bias**). Deshalb war es kaum ausreichend, nur einen einzigen Priester doppelt, d.h. von einem Redakteur und einer Redakteurin, zu testen.

6.5　Das Urteil: Die Interpretation

Der schwierigste Teil der Forschung ist die Analyse und Interpretation der Daten. Wenn die Beichtforscher mit ihren Beobachtungsnotizen zurückkehren, der Interviewer mit seinen Fragebögen, werden die Fakten in Zahlen dargestellt – Soziologen sprechen von quantifizieren – diejenigen, mit denen das nicht geht, z.B. Statements der Befragten, werden nach ihrer sinngemäßen Ähnlichkeit sortiert, vielleicht in positive, neutrale und negative Statements unterteilt. Aber hier beginnt spätestens die Spekulation. Woher will man immer wissen, ob ein Statement positiv oder negativ gemeint war? Was ist mit Ironie? Solche Feinheiten ergeben sich oft nur aus der Erhebungssituation: Welche Mimik hatte der Pfarrer, als er sagte: »Ich hoffe, du bist enthaltsam vor der Ehe.«? War er ein moderner Pfarrer, der sich einen kleinen Scherz auf seine konservativen Kollegen erlaubte, oder war er wirklich ein treues Schaf aus Johannes Pauls Herde? Wenn solche wichtigen Details nicht aufgezeichnet werden, kann, wenn überhaupt, nur derjenige die Daten auswerten, der sie auch erhoben hat, weil er sich als einziger in die Erhebungssituation versetzen kann. Aber gerade das ist in der Wissenschaft sehr umstritten: Prinzipiell sollte jeder Wissenschaftler einen vorhandenen Datensatz auswerten können und zu den gleichen Ergebnissen gelangen. Die Qualität der Ergebnisse darf nicht von einem bestimmten Wissenschaftler abhängig sein. Aber genau dieses Ideal wird in der Praxis selten erreicht. Andererseits ist das verständlich, denn Menschen sind zum Glück keine objektiven Interpretationsmaschinen. Während die statistische Auswertung an Computer delegiert werden kann, obliegt die Bewertung der Ergebnisse den Forschern selbst. Ihnen muß es gelingen, den Bogen zu dem Ausgangsproblem zu spannen und die Fragen zu beantworten, die am Anfang standen.

Die einfachsten Auswertungsmethoden sind die **Häufigkeitsauszählungen**. Wenn wir feststellen, daß 42 der 50 untersuchten Beichtstühle ohne und 8 mit Polster sind, dann sagt das noch nicht allzuviel über die Beichtqualität aus. Vielleicht wollen die heutigen Jugendlichen lieber natürlich-biologisch – auf Holz – beichten. Insofern sind Schlüsse von der Bequemlichkeit der Sitzbänke auf die allgemeine Attraktivität der Kirchen nicht möglich, wenn sie nicht in Beziehung zu den Einstellungen der Jugendlichen gesetzt wird, die zu erheben ist. Und selbst wenn wir wissen, daß die Jugendlichen mehrheitlich auf »weiche« Beichten stehen, muß dieses Kriterium mit den anderen Kriterien (Vergebungskompetenz, Bußmaß usw.) in Verbindung gebracht werden. Hätte man ehemalige Beichtlinge befragt, warum sie nicht mehr beichten und hätte die genannten Gründe, nach Geschlechtern getrennt ausgezählt, wäre vielleicht herausgekommen, daß Männer mehr Wert auf materiellen Komfort legen, aber Frauen wichtig ist, daß vom Pfarrer nicht in ihrem Privatleben gewühlt wird.

Aber Achtung: Vorsicht bei Korrelationen (Zusammenhängen zwischen Variablen) ist geboten. Wenn ein sinkender »Beichtverbrauch« bei Jugendlichen und im gleichen Zeitraum ein Anstieg der jugendlichen Drogentoten festgestellt wird, bedeutet das noch lange nicht, daß das eine das andere bedingt, daß ein **Kausalzusammenhang** zwischen den Variablen besteht. Hier sei nur auf jenen Wirtschaftsprofessor verwiesen, der Zusammenhänge zwischen Promiskuität (Geschlechtsverkehr mit wechselnden Partnern) und Wirtschaftswachstum in einer Region feststellte, und daraus ableitete, daß steigende Promiskuität ein Sinken des Wirtschaftswachstums bedingt. Um mögliche Schein-Zusammenhänge auszuräumen, führen Soziologen **Kontrollvariablen** ein. Das sind Größen, von denen man annimmt, daß sie den Zusammenhang der beiden Variablen »künstlich« herbeiführen. Wenn mehr verheiratete Männer an Herzinfakt sterben, als unverheiratete Männer, liegt das nicht unbedingt an der Ehe, sondern meistens daran, daß das Alter der Befragten nicht berücksichtigt wurde. Das Herzinfarkt-Risiko ist medizinisch gesehen vom Alter abhängig. Da verheiratete Männer durchschnittlich älter sind als unverheiratete Männer, entsteht der falsche Eindruck, dies wäre auf die Ehe zurückzuführen.

Manche Ergebnisse erlauben sich, den ursprünglichen Annahmen des Forschers zu widersprechen. Es wäre nun nicht besonders wissenschaftlich, zu versuchen, seine Thesen mit aller statistischen Gewalt doch noch hinzukrümmen, denn auch oder gerade die Widerlegung einer These dient der Wissenschaft.

6.6   Die Moral: Forschung und Ethik

Wir sind am heikelsten Punkt angelangt und erheben den langen Zeigefinger in Richtung Newsbrothers: Es mag ein riesiger Spaß gewesen sein, für die Redaktion ebensowie für die Leser, aber aus ethischer Sicht war es bedenklich. Schließlich haben sie für »Forschungszwecke« Vertrauen mißbraucht. Ob man die Kirche mag oder nicht, sobald Menschen bei einem Experiment oder einer andersweitigen Studie zu Schaden kommen, sollte zumindest nach der Legitimität oder Notwendigkeit der Studie gefragt werden. Der Journalist Günter Wallraff enthüllte mit seinen verdeckten Studien »Der Aufmacher« und »Ganz Unten« immerhin die Arbeitsmethoden der Bildzeitung und die Ausbeutung ausländischer Arbeiter. Zwar mag bei der Beichtstudie niemand zu Schaden gekommen sein, aber in der Sozialforschung sollten die Versuchspersonen nicht zu Versuchskaninchen erniedrigt werden. Es ist immer abzuwägen zwischen dem möglichen Schaden – in der Sozialforschung vor allem seelische Schäden – und dem Wert der Untersuchung für jene Personen, die Forschung oder die Allgemeinheit, wer auch immer das sein mag. Dem Reiz der verdeckten Ermittlung sollte stets der mögliche Nutzen der Erhebung gegenübergestellt werden. Betrachtet man die Unternehmen nicht aus ethischer, sondern aus methodischer oder technischer Sicht, scheinen die jeweiligen verdeckten Beobachtungen sowohl bei Wallraff als auch bei Newsbrothers unerläßlich, um den »Erfolg« der Studie überhaupt gewährleisten zu können. Dennoch darf die Frage der Ethik nicht unter den Tisch fallen.

Soziologen dürfen sich nicht mit gegebenen Zuständen zufrieden geben, weil sie wissen, daß Gesellschaft formbar ist, daß die Verteilung der Macht und Ungleichheit nicht auf göttlichem Erlaß beruht oder einem Naturgesetz folgt. Soziologen müssen ein bißchen sein wie Charlie Chan, der chinesische Meisterdetektiv. Immer wenn ein Sachverhalt plausibel scheint, aber eigentlich auf Vorurteilen gebaut ist, müssen die Soziologen mit einem findigen Einwand zur Stelle sein: »Es scheint zu sein, wie Sie sagen, aber bitte beachten: ...« Und selbstverständlich schütteln sie eine Statistik aus dem Ärmel, die den Vorurteilsfreunden jeglichen Boden unter den rhetorischen Füßen aufweicht. Voilà!

6.7　Exkurs: Moderne Münchhausen

Am Ende einer Untersuchung stehen meistens Statistiken, mit deren Hilfe allerhand behauptet wird. Viel zu oft dienen sie, um zu bluffen, wie einst der Lügenbaron Münchhausen, der sich an den eigenen Haaren aus dem Sumpf zog. Ähnlich versuchen Wirtschaftsunternehmen oder Regierungen, sich mit Hilfe beschönigter Bilanzen aus dem konjunkturellen Sumpf zu ziehen. Andere stellen zufällige Zusammenhänge als Kausalzusammenhänge (A bedingt B) dar. Immer wieder werden Prozentzahlen präsentiert, auf zwei Kommastellen genau, obwohl die zugrundegelegten Zahlen Schätzwerte sind und somit bereits die Einer-Stelle der Prozentzahl reine Spekulation ist. Wer Soziologie studiert hat, wird aus Statistiken nicht nur Zusammenhänge lesen können, sondern auch ein Gespür dafür entwikkelt haben, was die Statistik taugt. Er wird danach fragen, woher die Daten stammen, wie sie erhoben wurden und welche Basis zugrundegelegt wurde.

An folgendem Beispiel soll gezeigt werden, wie schnell aus Daten falsche Schlüsse gezogen werden: Zu den Schattenseiten der Familie, die sich in Gewalt gegen Frauen und Kinder äußert, schreibt der britische Soziologe Anthony Giddens (Übersetzung JR):

> *Das Zuhause ist eigentlich der gefährlichste Ort in der modernen Gesellschaft. Statistisch gesehen wird eine Person, gleich welchen Alters und Geschlechts, zuhause sehr viel eher ein Opfer körperlicher Angriffe, als nachts auf der Straße. Jeder vierte Mord im Vereinigten Königreich wird unter Familienmitgliedern begangen.*

Deratige Aussagen sind mit großer Vorsicht zu genießen, denn oft lassen sich die erhobenen Zahlen gar nicht vergleichen. Schließlich kommt es auch darauf an, wieviel Zeit an bestimmten Orten verbracht wird. Wer den ganzen Tag zu Hause hockt, der kann nicht auf der Straße überfallen werden. Daraus läßt sich aber noch nicht schließen, daß auf der Straße weniger Gewalttaten verübt würden als zu Hause. Diese Statistik ähnelt dem Fall, den Walter Krämer in seinem äußerst empfehlenswerten Büchlein: »So lügt man mit Statistik« beschreibt. Dort berichtet eine amerikanische Zeitung, daß es sicherer sei, im Central Park zu übernachten als zu Hause. Der Grund: In den heimischen vier Wänden geschehen mehr Gewaltverbrechen als in besagtem Park. Dabei wird, wie oben, der Fehler begangen, einzig die Zahl der registrierten Gewaltverbrechen zu vergleichen. Das ist logischerweise falsch, denn selbstverständlich verbringen die meisten Menschen mehr Zeit zuhause als im Park. Ähnliches gilt für die Statistik, auf die Mr. Giddens offensichtlich hereingefallen ist. Außerdem: Können sich Familienmitglieder nicht auch auf der Straße umbringen? Soziologen müssen bei derartigen Behauptungen, auch wenn sie von (berühmten) Kollegen geäußert werden, immer skeptisch sein und dürfen sich nicht darauf verlassen, solange sie nicht den größeren Kontext der Erhebung kennen.

7. Die Krise

Wenn die Menschheit eine Kindheit kennt, dann kann sie dem Alter nicht entgehen, auf den biologischen Aufstieg folgt unweigerlich ein Abstieg – die Fortschrittsideologie ist denn auch seit dem achtzehnten Jahrhundert bis in die Gegenwart immer von einer Untergangsideologie begleitet gewesen.

Hannah Arendt

13 Jahre Schule, 13 Jahre Info-Konsum – nicht unbedingt für jeden eine Phase geistiger Reifung. Demgegenüber eröffnet ein (geisteswissenschaftliches) Studium die Chance, auf breiter Basis auszukundschaften, was einen wirklich interessiert.

Die Zeit nach der Schule und vor dem Studium ist oftmals zu kurz, um sich darüber klar zu werden, wo die Reise des Lebens hingehen soll. Wer nicht abhängen will, aber einschränkende Verpflichtungen erstmal abwarten will, hat oft gar keine andere Chance, als sich in das wohlig warme studentische Leben zu flüchten. Es bietet – zumindest in den Geisteswissenschaften – meist ein Maximum an Freiheit: oft so viel, daß man überfordert ist, weil man es nicht gewohnt ist, alle Entscheidungen selbst zu treffen; und ein Minimum an Verantwortung. Darüber hinaus finden sich viele Möglichkeiten, die gesellschaftlichen Nischen zu probieren. Und das ist wirklich noch das Beste und das Wichtigste, was vor dem Untergang zu erledigen ist.

7.1 Der Bluff: Uni und Sinn

Als die Diplomarbeit von Suhrkamp abgelehnt zurückkam wie erwartet [Zum Problem des Klassenbegriffs bei Marcuse], verflog bei etwas Whisky die letzte Illusion, der Freund ging auch. Drei Tage später die vorerst endgültige Entscheidung: Soziologin ist kein Beruf, zumindest in dieser Gesellschaft, also Geld verdienen.

F.C. Delius: Die Arbeit der arbeitslosen Soziologin im Maklerbüro

Die Uni ist ein Unding. Aus der einst so respektierten, Geist und Seele nährenden Mutter (Alma Mater) ist eine wehleidige, dahinvegetierende Greisin geworden. Und kein Zivi weit und breit, der sich um sie kümmert, ihr in den Stunden heilloser Verwirrung beisteht, ihre Verfallserscheinungen lindern hilft. Der Verfall ist umfassend. Kein Bereich, der keine Schmerzen verursacht, der noch voll intakt ist. Die Lehre ist schlecht, die Ausstattung ist schlecht und den Studenten wird schlecht, wenn sie an ihre Zukunft denken. Dem starken Anstieg der Studierwilligen seit Mitte der 70er Jahre wurde von den Verantwortlichen im Hochschulbereich wenig Kreatives entgegengesetzt. Wo immer die Fähigkeit zum Dialog nicht vorhanden ist und politische Visionen sich im Zementieren des Status Quo erschöpfen, wird der gute alte Holzhammer ausgepackt, mit dem sich schon manches Problem bearbeiten ließ: Numerus Clausus heißt das Zauberwort, von dem sich die Entscheidungsträger erhoffen, daß er ihnen weitere Auseinandersetzungen mit Inhalt und Sinn des Studiums erübrige.

Die Probleme sind nicht neu und haben entsprechend wenig Sensationscharakter. Studienbedingungen, die vor fünfundzwanzig Jahren die Studenten noch zum Sitzstreik bewegten, erheben heute nur noch wenige studentische Hintern zum Protest, nicht einmal die der Soziologen. Dabei wäre grundsätzlich Bedarf an soziologischer Erkenntnis: Von der Uni bis zu globalen Problemen, die nicht allein mit technischen Mitteln zu bewältigen sind. Um es in die Worte des Zukunftsforschers Robert Jungk zu kleiden: Wir brauchen »soziale Erfindungen«. Dennoch geschieht zu wenig in diese Richtung. Soziologie läuft Gefahr, ein reines Allgemeinbildungsstudium zu werden, in dem, wer will, eine Menge über Gesellschaft erfährt. Engagierte Leute werden vielleicht abgeschreckt: durch die »elfenbeinerne« Trägheit und die eher im Wirtschaftsbereich liegenden Berufsperspektiven. Aber das soll niemanden abhalten, Soziologie zu studieren. Wen gesellschaftliche Belange im allgemeinen und das Fach im besonderen interessiert, der kann in der Soziologie sein Kult-Studium entdecken, das den Horizont erweitert und neugierig macht.

Gut, das ist eine sehr persönliche Sicht der Lage. Wer die Uni als Dienstleistungsunternehmen betrachtet, das ihn für einen lächerlichen Studentenwerksbeitrag Bildungsveranstaltungen konsumieren läßt, fährt eine sehr gepflegte Partie. So günstig kann man sich an keiner Volkshochschule bilden. Diese Einstellung ist legitim, keine Frage.

7.2 Der Ruf der Soziologie

Soziologie scheint besonders in Kreisen der Wirtschaft immer noch eher eine Art Ideologie, ein schlecht getarnter Marxismus zu sein, als ein Studium, dessen Absolventen äußerst vielseitige, wohlgebildete Alles-und-nichts-Könner sind. Dieses Image, wenn auch nicht zutreffend, hat seine Wurzeln in der Studentenrevolte unserer guten, alten 68er »Väter«, die versuchten, die kleinbürgerliche Nachkriegs-Wohlstands-Idylle an spitzen, systemkritischen Spontis aufzuspießen. Che Guevara zierte T-Shirts und Zimmerwände, und bestimmte Bereiche der Soziologie waren an der vordersten Front der Kapitalismusschelte. Dementsprechend mußten die Soziologen in den Augen der Wirtschaftsvertreter und vieler Bürger abgrundtief-subversive Gestalten sein, denen man neben polizeilichen Schlagstöcken auch die realkapitalistische »Geht-doch-nach-drüben«-Formel um die Ohren schlug. Aber die Republik brauchte den kleinen Wirbel, sonst wäre sie vor dem Fernseher eingeschlafen. Herrschaftskritik ist für die Herrschenden selten angenehm, dennoch notwendig. In einer Demokratie, so will es die Definition, gehört Kritik zu den wichtigsten Elementen und schließlich bedeutet Demokratie Macht-Leasing, nicht etwa Machtkauf und Machteigentum.

Ist Soziologie nun eine Kritik- oder eine Gebrauchswissenschaft oder etwa beides oder gar nichts davon? Nachdem allerorts ein neuer Pragmatismus zurückgekehrt ist, können auch Soziologen von sich behaupten, daß sie, durchaus zeitvergeistigt, praxisnah und flexibel mit ihrem Boot am Mainstream-Ufer warten. Weitreichende Forderungen von innen und außen haben dazu geführt, daß die Masse der Soziologiebetreibenden ihr Heil nicht mehr in einer herrschaftsfreien Welt sucht, sondern sich mit all den anderen um die guten und schlechten Früchte des post-paradiesischen Gartens Eden rauft. Soziologen sind längst überall zu finden: In den Medien, im öffentlichen Dienst, im Personalwesen, in der Werbung, im Tourismus und last but not least da, wo sie lange Zeit keiner haben wollte und viele selbst nicht hinwollten: in der Wirtschaft.

7.3   Fruchtbares Verzagen

Soziologie ist ein Selbststudium. Was man am Ende des Studiums weiß, hat man sich (zu einem erheblichen Teil) selbst erarbeitet. Das heißt nicht, daß alle Erkenntnis über die Gesellschaft und das menschliche Handeln eigenem Nachdenken entsprungen ist. Es heißt, daß Wissen nicht unbedingt im Hörsaal oder in den Seminar-räumen erlangt wird, wie es in der Schule oder in sogenannten »verschulten« Studiengängen der Fall ist. Professoren und Assisten-ten allein bringen niemandem Soziologie bei. Sie regen bestenfalls dazu an, sich mit der Soziologie wissenschaftlich auseinanderzuset-zen. An der Uni angebotene Veranstaltungen sind als Orientierungs-hilfen zu verstehen, nicht mehr und nicht weniger. Der Rest passiert zu Hause am Schreibtisch, in Arbeitsgruppen, Bibliotheken, Cafés. Und das Stichwort dazu: Lesen! Wer nicht gerne liest, wer unruhig auf seinem Stuhl hin und her rutscht und lieber dem Wind lauscht, der vor seinem Fenster pfeift, dem wird das Studium mit seinen meterlangen Literaturlisten keinen Spaß machen. Natürlich gibt es, wie in der Schule, Schleichwege, um die unangenehmen Klippen zu umschiffen. Wer aber von vorneherein so denkt, sollte sich überle-gen, ob er oder sie nicht ein Fach findet, in dem es keine Bücher gibt oder Lesen nur am Wochenende anfällt.

Interessant und unbefriedigend zugleich ist der stille, unbemerkte Wissenszuwachs. Wer nach ein paar Semestern zurückblickt und versucht, seinen Reife- oder Wissenszuwachs zu messen, wird zu-nächst erstaunt im Leeren stochern, mit fragenden Blicken durch die Jahre und Monate wandern. Das erinnert an die Suche nach einer verlorenen Datei auf dem Computer. Man ist überzeugt, diese Datei gespeichert zu haben, aber sie läßt sich nicht wieder finden. Und doch verbleiben in der Regel keine Leersemester. Denn spätestens beim Gespräch unter Soziologen, zu dem sich Nicht-Soziologen ge-sellen und mit verständnislosen Gesichtern vergeblich versuchen, in das dichte Netz aus aufgeblähten Spezialisten-Vokabeln zu dringen, weiß man, wo man ist.

Soziologie studieren kann Menschen, die zu Sinnkrisen neigen und häufig von Selbstzweifeln heimgesucht werden, in ihrem Stürzen beschleunigen. Sie kann aber auch sehr viel Spaß machen, obwohl wir sie nicht – wie Peter L. Berger – als fröhliche Wissenschaft bezeichnen würden. Das Studium der Soziologie ist für viele keine Liebe auf den ersten Blick. Manche müssen sogar sehr oft hinsehen und trotzdem bleibt eine harmonische Freundschaft aus. Einige akzeptieren dieses Studium nach ein paar Semestern wie Verwandte, die sie sich nicht ausgesucht haben. Vielleicht ist die Soziologie eine Bekanntschaft, der man sich mehr aus sozialer Gewohnheit verbunden fühlt, denn aus wissenschaftlicher Sehnsucht. Andererseits trifft man nicht selten auf fröhliche Zeitgenossen, für die Soziologie von Anfang bis Ende ein Heimspiel ist und die einen Treffer nach dem anderen landen.

Wer sich mal ordentlich einige Nachmittage lang durch soziologische Literatur gequält hat, fünfzigmal den gleichen Satz begonnen hat, ohne je mehr als eine Anordnung von Buchstaben darin zu erkennen, und schließlich bei der Frage, was er oder sie da eigentlich liest, vorne auf dem Umschlag nachsehen muß, der findet an seinem anfangs so interessanten Studienfach auch nach ein paar gepflegten Bierchen kaum noch Positives. Was dann? Soziologieverdrossenheit? Noch schnell die restlichen Scheine pflücken und dann ab ins hoffentlich sinnvolle Zweitstudium? Einen Arbeitskreis »Stop den Frust!« (AK Fruststop) gründen und sich einmal wöchentlich die Laus von der Leber reden oder spülen? Wieso nicht? Da regelmäßige oder dauerhafte Sinnkrisen im Studium keine Einzelprobleme sind, bietet es sich durchaus an, im Kreise von Kommilitonen den verlorenen Sinn des Ganzen wiederzufinden. Wieso nicht auch mal Professoren und Assistenten fragen? Sie stecken erstens länger und zweitens tiefer im Fach. Sie haben das Studium zweifellos überlebt und sind dabei geblieben. Dafür muß es doch eine Erklärung geben. Selbst wenn einige ihre Survival-Strategien für sich behalten wollen: Fragen lohnt sich.

Aber es gibt auch noch eine andere Sichtweise, die ein Studium der Soziologie trotz aller Mängel und Unsicherheiten als Perspektive erscheinen läßt: Die persönliche Bereicherung, die durch den Blick hinter die Kulissen der Gesellschaft gewonnen wird – Soziologie als gesellschaftliche Backstage-Karte.

7.4   Der Abgrund: Ein Ausblick

*Der wahre Garten Eden – das ist die Öde. Das Ziel der Geschichte –
das ist das verwitterte Ruinenfeld. Der Sinn – das ist der durch die
Augenhöhlen unter das Schädeldach geblasene, rieselnde Sand.*

Ulrich Horstmann

Wer, wie wir, am Ende seines soziologischen Studiums steht und
zurückblickt auf die vergangenen Semester, der mag durchaus von
dem unbequemen Gefühl durchwachsen sein, wenig oder noch weniger greifbare Erkenntnisse gewonnen zu haben. Die anfänglich
einigermaßen stabilen Eindrücke von der Gesellschaft haben sich
sogar zusehends gelockert. Alles, was wir gelernt haben ist, so
scheint es, daß wir wissen, worauf zu achten ist, wenn man Aussagen über die Gesellschaft machen will. Dafür werden wir mit dem
ohnmächtigen Gefühl belohnt, keine Aussagen mehr treffen zu können. Andererseits stellt sich durchaus ein Gefühl der Weitsicht ein,
über so manches gängige Vorurteil erhaben zu sein. Dieses »Ich weiß
eigentlich nichts, also bin ich überhaupt?«-Gefühl mag jeder für sich
selbst mehr oder weniger gut verdrängen können, aber wenn die
anfangs erwähnten Fragen anrücken, etwa: »Was ist Soziologie?«
fühlt sich der diplomierte Soziologe noch mehr vor den Kopf gesto-
ßen. Schließlich lastet auf ihm erhöhter Erwartungsdruck. Und damit vervielfacht sich die Sprengkraft dieser Frage und es erscheint
ein tiefer Krater: Ein gewaltiges, böses, endloses Nichts. Und
schließlich hat man das Bedürfnis, vielleicht nach einem Buch zu
greifen, um dort die Antwort zu erschließen, oder dem Fragenden
eine Literaturliste in die Hand zu drücken: »Lies das mal.« Um sich
gleich darauf mit einem äußerst verbindlichen »Man sieht sich« aus
dessen Gesichtsfeld zu entfernen.

7.4.1 Utopia – modernes Atlantis?

Zukunftsentwürfe und Utopien basieren auf der Kritik des Bestehenden. Sie zeigen (un)mögliche positive oder negative Entwicklungen
aus dem Jetzt, oder wohin solche Entwicklungen, die sich mehr oder
weniger deutlich erkennen lassen, führen können. *George Orwells*
düstere Zukunftsvision »1984« erschien erstmals 1949, zu einem
Zeitpunkt, wo es unübersehbare Hinweise für die konkrete Mach-

barkeit totalitärer Staaten und einer perfektionierten Überwachung des einzelnen Menschen gab. Utopien waren viele Entwürfe menschlichen Zusammenlebens, die den Idealen der französischen Revolution verbunden waren.

Daß der Zusammenbruch der kommunistisch orientierten Staaten auch den Verlust des Glaubens an die Verwirklichung einer auf Gleichheit und Gerechtigkeit basierenden Gesellschaft nach sich zog, erweckte bei manchen Autoren schon den Anschein, das Ende der Geschichte wäre nun erreicht. Wobei Geschichte in diesem Zusammenhang als gesellschaftlicher Prozeß fortschreitender Veränderung betrachtet wird. Das hieße, die jetzt erreichte Stufe eines mehr oder weniger sozial abgefederten Kapitalismus (bei den westlichen und zunehmend auch bei den östlichen Staaten) würde sich nur noch in der Bedeutung und Verlagerung einzelner Bereiche, wie Organisation des Gesundheitssystems, Abgabenregelung, Arbeitslosenverwaltung usw. verändern, ohne daß jedoch die Stabilität des Systems grundsätzlich in Frage gestellt würde. Der französische Soziologe und Philosoph **Michel Foucault (1926-1984)** wies darauf hin, allerdings vor den Umwälzungen in Osteuropa, daß der Mensch die Zeit, in der er sich befindet, immer für eine besondere hält:

> *Die Zeitgenossen neigen dazu, die Bedeutung der Gegenwart zu überschätzen, indem sie meinen, ausgerechnet sie ständen an einem Scheideweg oder Schnittpunkt der Geschichte.*

Gleichwohl einige Autoren keine Alternativen zur bestehenden Gesellschaftsordnung sehen, gibt es genügend Kritik nicht nur von linken, sondern auch von neo-konservativen Autoren, wie dem Amerikaner Daniel Bell, der die »kulturellen Widersprüche des Kapitalismus« untersucht, die selbstauflösenden Tendenzen und Verfallserscheinungen dieses Systems. Und Jan Robert Bloch betont, daß es Utopien, die ja nicht zuletzt Träume von einer besseren, menschlicheren Welt sind, solange geben wird, wie Unterdrückung, Ausbeutung, Not und Gewalt den Alltag vieler Menschen bestimmen. Und diesbezüglich scheint ein Ende weiter entfernt zu sein denn je. Solange es Differenzen zwischen der sozialen Lage der Menschen gibt, werden zumindest diejenigen ihre Utopien behalten, denen es schlechter geht.

Als »Kulturproduzenten« (Friedrich Tenbruck) haben die Soziologen sogar die Aufgabe, die Welt zu beeinflussen. Resignieren ist nicht ihre Sache.

Wenn es etwas gibt, das uns die Soziologie zeigen kann, ist es ein umfassendes Bewußtsein von der menschlichen Urheberschaft gesellschaftlicher Strukturen. Unser Einblick in die dunklen Seiten des modernen sozialen Wandels darf uns nicht daran hindern, einen realistischen und hoffnungsvollen Blick in die Zukunft zu werfen.

Anthony Giddens, Übersetzung JR

7.4.2 Anything goes?

Wo sollen die Grenzen gezogen werden zwischen Wissenschaft, die einer immer größer werdenden Interessentenschar zugänglich werden soll und reiner Konsumkultur ohne erkenntnisfördernden Anspruch – sofern das möglich ist? Also kurz gesagt: Wie lange wird es noch dauern, bis eine neue Gesellschaftstheorie als Comic präsentiert wird? Möglicherweise ist ein Teil unserer Leser schon an dieser Schwelle angelangt. Und sie haben zu entscheiden, welchen Bach die Soziologie nun runterschwimmen soll. Und wenn es schon nicht als Massenphänomen durchsetzbar ist, wieso nicht ein bißchen Pionierarbeit leisten und die Diplomarbeit über die »Phänomenologie des Schattens als soziologische Kategorie« oder etwas ähnliches als lyrischen Bildband aufbereiten. Denn auch wenn der korrigierende Prof sich die wenig verbliebenen Haare rauft, so hat sie vielleicht auf dem alles beherrschenden Markt seriöse Chancen, dem staubigen Schubladen-Dasein zu entfliehen.

7.4.3 Post-Soziologische Galaxien

Der amerikanische Science-Fiction Autor *Ray Bradbury* erzählt in seiner Kurzgeschichte »Kaleidoscope« vom Schicksal der Besatzung einer explodierten Rakete im Weltall. Die Männer driften auseinander, ohne den geringsten Einfluß auf ihr Schicksal zu haben. Anfangs können sie sich noch sehen und über Funk hören, aber sehr bald brechen diese letzten Verbindungen ab und sie sind allein in den endlosen Weiten des Raumes. Nicht nur, daß es schier unmöglich ist, sich diese Unendlichkeit vorzustellen, auch diese Verlassenheit auch nur zu erahnen, übersteigt all unsere Kräfte.

Er fiel schnell, wie eine Kugel, wie ein Kieselstein, wie ein eisernes Gewicht, objektiv, nun für immer objektiv. er wünschte nur, er könnte etwas Gutes tun. Jetzt, wo alles vorbei war. Etwas Gutes, von dem nur er selbst etwas wußte. Wenn ich auf die Atmosphäre treffe, werde ich wie ein Meteorit verbrennen. Ich frage mich, sagte er, ob mich irgendjemand sehen wird?

Ray Bradbury, Übersetzung JR)

Am Ende eines Studiums zurückzublicken, jenseits von neo-romantischer Verklärung und zynischen Zorneswallungen, enthält oftmals eine ähnliche Perspektive: Das Auseinanderdriften, das perspektivische Schrumpfen der Basis. Das Verlassen der soziologischen Raumstation wird von einem seltsamen Unbehagen begleitet. Nicht nur, daß langjährige Weggefährtinnen und Amigos jeglicher Art in andere Sphären entweichen, auch das Gefühl, nun den geschützten Bauch des hölzernen Pferdes zu verlassen, selbst frei schweben zu müssen, mag neben der befreienden Herausforderung des Neuen auch diffuse Ängste wecken. Was darf's denn sein? Zweitstudium oder Taxischein? Oder beides? In die Werbung, um Onkel Dittmeyer und die Knorr-Familie zu modernisieren? In die Forschung, um die »89er«, die Generation des Mauerfalls zu analysieren? Oder lieber doch mit dem Fahrstuhl zum neunzehnten Stockwerk und dann die Abkürzung ohne Fallschirm? Risikosoziologie? In Pappis Firma jobben? Zurück zu Muttern?

Der Philosophie spotten heißt wahrhaft philosophieren.

Pascal

Ob dieser Satz auch für die Soziologie gilt, soll hier nicht beantwortet werden. Wir jedenfalls fühlen uns diesem Gedanken verpflichtet, denn spotten heißt auch Distanz wahren, zur Wissenschaft und zur eigenen Rolle als (Pseudo-) Wissenschaftler. Und spotten heißt auch Spaß haben. Denn ohne den ist diese Wissenschaft nicht weniger sinnlos als das Leben an sich.

7.4.4 Der Letzte macht das Licht aus

Das Abendland geht unter, die Geschichte endet und während die einen sich zu Tode amüsieren und die anderen ein Apfelbäumchen pflanzen, warten wir immer noch auf Godot, Golem oder irgendein anderes Symbol für das Licht, das uns nicht aufgehen will. Aber vielleicht lohnt es sich hier, Gandhis Leitspruch abzukupfern: »Der Weg ist das Ziel« – auch wenn wir stehenbleiben. Da weiß man, was man hat. Guten Abend.

Mehr Licht? (Foto: David Hanáček)

B. Wissenswertes rund ums Studium

1. Stellungnahmen von Absolventen

Zum Ende der Schule galt mein Interesse eigentlich eher der Psychologie. Für diesen Studiengang war aber mein Abi-Schnitt nicht gut genug, und zehn Semester Wartezeit fand ich deutlich zu lang. Anfangs wollte ich in die Soziologie nur mal reinschnuppern, ein paar Eindrücke sammeln – vom Fach und von der Uni allgemein – und dann vielleicht noch etwas anderes ausprobieren. Aber als ich dann ein paar Semester dabei war, das Vordiplom erfolgreich hinter mich gebracht hatte, wollte ich es auch zu einem richtigen Abschluß bringen. Klar, so um das sechste Semester herum hatte ich auch mal meine große Krise, das gehört wohl dazu. Da stellte ich mir dann häufig selbst die Fragen, in deren Abwehr ich so erprobt war, wenn sie von anderen kamen: »Was soll das eigentlich alles, bei dieser Theoriedrescherei kommt doch nichts heraus, was soll denn hinterher mal aus mir werden, wo soll das noch alles enden...?« Kurz darauf habe ich dann ein Praktikum in einer Unternehmensberatung gemacht, und das hat mir wieder neue Perspektiven eröffnet. Die Erfahrungen waren zwar nicht rundum positiv – mein Chef war ein cholerisches, egozentrisches Ekel, die Kollegen auch nicht sehr kooperativ. Aber ich hatte dort endlich einmal das Gefühl, ich kann mein Wissen anwenden, ich habe etwas gelernt, damit kann ich etwas anfangen und das kann mir niemand mehr nehmen. Das hatte mir gefehlt. Hinterher habe ich ganz anders weiterstudiert, mit neuem Ansporn, neuen Interessen. Insofern hat mir dieses Praktikum sicher weitergeholfen, auch wenn ich inzwischen in einem anderen Feld gelandet bin, als freier Buchautor und Redakteur bei einigen Zeitschriften. Insofern ist diese Standardmeinung, Soziologen seien hinterher bestenfalls als Taxifahrer zu gebrauchen, ein großer Irrtum. Wer nicht nur das Pflichtprogramm abhakt, sondern nebenher noch andere Erfahrungen und Kenntnisse sammelt, hat viele Wege offen, und das in einer viel größeren Bandbreite als bei den meisten anderen Fächern. Das ist für mich – im Nachhinein betrachtet – der größte Pluspunkt dieses Studienganges.

P.B. (31)

Nach der Schule hat es mir erst mal gereicht. »Nie wieder!« lautete mein Motto. Na ja, dann bin ich fast zwei Jahre lang ziemlich abgestürzt, bin durch Afrika und Lateinamerika gereist, habe mich in Kommunen und sozialen Einrichtungen durchgeschlagen, sogar in einem Kloster bin ich mal gelandet. Ich glaube, es waren die vielen unterschiedlichen Kulturen und Lebensphilosophien der Menschen, die mich zur Soziologie gebracht haben. Zuerst habe ich es in Bielefeld versucht, später bin ich nach Berlin an die FU. Du hast sehr viele Freiheiten dort, aber dafür wenig Durchblick. Das war alles sehr anspruchsvoll da: Viel Marx und feministische Theorien. Schon spannend, manchmal auch praxisbezogen. Über eine Kommilitonin bin ich zu einer Partei gekommen, wo ich heute noch bin und mir als Halbtagskraft ein paar Schrippen verdiene. Den Rest kratze ich mir durch Kneipenjobs und Nachhilfestunden zusammen. Während des Studiums habe ich beim Max-Planck-Institut gejobbt, hauptsächlich Fragebögen vercodet. Im Prinzip ist es egal, was du studierst, Hauptsache, es macht dir Spaß und du kommst mit deinem verdammten Leben irgendwie klar.

A.M. (29)

Ich war nie der Meinung, daß Soziologie eine »brotlose Kunst« sei. Ich war Zeit meines Studiums überzeugt, daß Soziologen mehr sind als »nützliche« Datenjäger und -sammler. Je abgehobener eine Wissenschaft ist, desto eher macht sie sich zum Herrschaftsinstrument, weil nur die Mächtigen Expertenwissen nutzen können. Also habe ich von Anfang an versucht, einen praxisnahen Weg zu gehen und den Dialog mit anderen Wissenschaften und Nicht-Wissenschaftlern zu suchen. Über das Studium bin ich auch zum Computer gekommen und arbeite jetzt in der Erwachsenenbildung und bei einem kleinen Forschungsinstitut. Meine Spezialisierung auf empirische Sozialforschung war dazu nicht unbedingt erforderlich, aber ähnlich brauchbar wie der frische Wind durch einen Ortswechsel nach dem Vordiplom. Wichtiger als die Spezialgebiete sind aber Praktika, freie Mitarbeit, notfalls auch irgendwelche Teilzeitjobs, die wenigstens ein bißchen Spaß machen. Eben da knüpft man die Kontakte, auf die man später zurückgreifen kann. Auch durch Engagement in der Fachschaft und in Arbeitsgruppen habe ich einige Leute kennengelernt, mit denen ich jetzt zusammenarbeite. Wichtig ist, sich von frustrierenden Studienbedingungen nicht von der Uni vertreiben zu lassen.

D.K. (35)

2. Fakten zum Studium

2.1 Studiengänge: Welche Wege habe ich bis zum Studienabschluß?

In Deutschland kann Soziologie als Hauptfach in zwei verschiedenen Studiengängen studiert werden: Als Diplomstudiengang und als Magisterstudiengang. Dabei legt bereits der gewählte Studiengang die Art des Studienabschlusses fest. Beim Lehramtsstudiengang für das Fach Sozialkunde liegt in den meisten Bundesländern der Schwerpunkt auf Politikwissenschaft, wenn auch oft ein paar Pflichtveranstaltungen in Soziologie vorgesehen sind.

Der Aufbau und die vermittelten Inhalte der Studiengänge differieren von Hochschule zu Hochschule recht deutlich. Schon die verschiedenen Abschlußtitel lassen das erahnen: Hier Diplom-Soziologe, dort Diplom-Sozialwirt, wieder woanders Diplom-Sozialökonom oder Diplom-Sozialwissenschaftler. Noch stärker als bei anderen Studienfächern sollte man sich deshalb vorher über das jeweilige Angebot informieren und diese Kriterien bei der Wahl des Studienortes berücksichtigen. Auch nach einigen Semestern ist ein Wechsel noch gut möglich, sollte jedoch etwas vorbereitet werden, da oft Bedingungen an die Wahl von Nebenfächern oder besuchte Lehrveranstaltungen gestellt werden.

2.1.1 Diplomstudiengang

Der Diplomstudiengang ist unterteilt in zwei Abschnitte, die theoretisch jeweils in etwa vier Semestern zu schaffen sind. Das **Grundstudium** dient der Orientierung und schafft die Basis für das Hauptstudium. Meist ist sehr genau vorgegeben, welche Veranstaltungen besucht werden müssen. Im **Hauptstudium** stehen dann mehr Wahlmöglichkeiten offen. Die erworbenen Kenntnisse werden vertieft, man spezialisiert sich auf verschiedene Teilbereiche. Für diesen Abschnitt des Studiums sind vier Semester sehr knapp berechnet, tatsächlich brauchen die meisten eher sechs bis sieben.

Ende der siebziger Jahre wurden von der Deutschen Gesellschaft für Soziologie einige Empfehlungen an Studien- und Prüfungsordnungen zusammengestellt, um für ein Mindestmaß an verbindlichen Inhalten und damit Vergleichbarkeit zu sorgen.

Für das Grundstudium sehen diese Empfehlungen Einführungsveranstaltungen in die Grundlagen der Soziologie vor – Grundbegriffe, Geschichte des Fachs, Theorien, soziologisches Denken –, sowie Methoden der empirischen Sozialforschung und Statistik. Außerdem sollen wahlweise Vorlesungen und Kurse in den wichtigsten Nachbardisziplinen wie Psychologie, Volkswirtschaftslehre oder Politische Wissenschaft besucht werden.

Für das Hauptstudium werden Seminare in klassischen und aktuellen Beiträgen zur soziologischen Theorie empfohlen. Die Ausbildung in Methoden soll durch ein exemplarisches Praktikum ergänzt werden. Es sollen zwei Schwerpunkte soziologischer Gebiete gewählt werden können, sowie zwei Nebenfächer.

Ein Diplomstudium der Soziologie ist in Deutschland möglich mit dem Abschluß

▶ Diplomsoziologe in Bamberg, Berlin (FU), Bielefeld, Bremen, Chemnitz-Zwickau, Darmstadt (TU), Frankfurt/Main, Halle-Wittenberg, Hamburg, Leipzig, Mannheim, Marburg, München, Regensburg, Saarbrücken und Trier;

▶ Diplom-Sozialwissenschaftler in Berlin (HU), Bochum, Bremen, Duisburg, Gießen, Hannover, Oldenburg und Wuppertal;

▶ Diplom-Sozialwirt in Göttingen, Erlangen-Nürnberg, Hamburg (HWP) und Osnabrück;

▶ Diplom-Sozialökonom in Dortmund, Kiel und Lüneburg;

▶ Diplomökonom in Augsburg.

2.1.2 Studiengang Magister Artium (M.A.)

Magisterstudiengänge sind generell weniger an Anforderungen der Berufswelt, sondern mehr an wissenschaftlichen Gesichtspunkten des jeweiligen Fachs ausgerichtet. Sie sind eher als Vorbereitung für eine akademische Laufbahn konzipiert.

Die für den Diplomstudiengang genannten Richtlinien gelten im Prinzip auch für die Magisterstudiengänge in Soziologie. Die Hauptfächer sollen hier aber aus dem Bereich der Philosophischen Fakultäten kommen, die wirtschaftlich orientierten Fächer treten dagegen in den Hintergrund. Oft werden für den Magisterabschluß Lateinkenntnisse (i.d.R. kleines, manchmal sogar großes Latinum) verlangt.

Ein Studium der Soziologie mit dem Abschluß Magister Artium (M.A.) wird angeboten in Aachen (RWTH), Augsburg, Bayreuth, Berlin (HU), Berlin (TU), Bonn, Braunschweig, Darmstadt (TH), Dresden, Düsseldorf, Eichstätt, Erlangen-Nürnberg, Frankfurt/Main, Freiburg i. Br., Gießen, Göttingen, Hagen, Halle, Hamburg, Hannover, Heidelberg, Jena, Kassel, Kiel, Köln, Konstanz, Leipzig, Mainz, Mannheim, Marburg, Münster, Oldenburg, Osnabrück, Osnabrück-Vechta, Passau, Potsdam, Regensburg, Saarbrücken, Siegen, Trier, Tübingen und Würzburg.

2.2 Veranstaltungsformen

2.2.1 Vorlesung

In der Vorlesung referiert ein Dozent (meistens) vor einem größeren Studentenpublikum zu einem bestimmten Thema, z.B. »Die Sozialstruktur der BRD«. Vorlesungen sind grundsätzlich sowohl für Studenten im Grundstudium wie auch für solche im Hauptstudium gedacht, wenn auch für Anfänger manchmal schwer verdaubar. Im Gegensatz zu den Seminaren geht es hier jedoch nicht darum, bestimmte Probleme des Fachs im Plenum zu diskutieren, sondern das darin angebotene Wissen zu verstehen und sich anzueignen: Einen Überblick über ein spezielles Gebiet (z.B. Soziologie und Ökologie), eine theoretische Richtung (z.B. Ansätze der Individualisierungstheorie) oder das Werk eines Wissenschaftlers (z.B. Georg Simmels Philosophie des Geldes). So schreiben manche Studenten mit, andere hören mehr – oder auch weniger – aufmerksam zu. Wer etwas nicht verstanden hat oder etwas anmerken will, kann selbstverständlich fragen oder einhaken. Diese Möglichkeit sollte auf alle Fälle genutzt werden. Vorlesungen sind in der Soziologie oft freiwillige Veranstaltungen, in denen man keine Scheine (Leistungsnachweise) ergattert. Lediglich das dort aufgenommene Wissen kann man dann »nach Hause tragen«.

2.2.2 Seminare

Anders als Vorlesungen bieten Seminare den Raum zur aktiven Mitarbeit, d.h., in Seminaren geben die jeweiligen Dozenten die Möglichkeit zur fachlichen Diskussion und eigenen Beteiligung. Dabei ist die Teilnehmerzahl i.d.R. beschränkt. Für das Grundstudium und das Hauptstudium werden jeweils unterschiedliche Seminare angeboten. Die Seminare im Grundstudium sind Einführungsseminare und Proseminare, oft auch Grundkurse genannt. Im Hauptstudium gibt es dann die Haupt- und Oberseminare. Der Besuch eines Proseminars setzt den Besuch eines Einführungsseminars i.d.R. voraus. Auch Hauptseminare können häufig erst nach dem Grundstudium besucht werden. Anders als die Einführungsseminare befassen sich Proseminare und Hauptseminare mit einem mehr oder weniger speziellen Teilgebiet des Fachs. Den Seminar-Teilnehmern soll darin vermittelt werden, wie man wissenschaftliche Probleme erkennen, formulieren und eventuell lösen kann und so das selbständige wissenschaftliche Arbeiten erlernt. In den meisten Seminaren wird ein Teil der Sitzungen mit Referaten der Teilnehmer (und der sich daran anschließenden Diskussion) gefüllt, die jeweils zu einem bestimmten Ausschnitt unter »Betreuung« des Dozenten – alleine oder in einer Gruppe – erarbeitet werden. Dabei ist die Rolle des Dozenten eher die eines kompetenten Moderators als eines Vortragenden. Prinzipiell schließen Seminare mit einem Schein ab, den man über eine bestandene Klausur, ein gehaltenes Referat und/oder eine Seminararbeit erhält.

2.2.3 Übung

Für Studenten im Grundstudium und im Hauptstudium werden manchmal auch Übungen im jeweiligen Fach angeboten. Übungen sind i.d.R. keine Pflichtveranstaltungen, sie dienen dem Erwerb von praktischen Fähigkeiten. Studenten können ihr Wissen aufstocken und anwenden. Das muß nicht immer prüfungsrelevant sein, kann aber trotzdem nützlich sein.

An einigen Instituten werden auch Proseminare als Übungen bezeichnet, wie überhaupt die Namen der Veranstaltungen recht unterschiedlich gebraucht werden.

2.2.4 Kolloquium

Es gibt mehrere Arten von Kolloquien:

▶ Veranstaltungsbegleitende Kolloquien bzw. Tutorien: Sie sind meist einer Vorlesung oder einem Seminar zugeordnet und haben dann das Ziel, die dort vermittelten Inhalte in einem anderen Rahmen vor- bzw. nachzubereiten und zu vertiefen. Als Tutoren arbeiten gerne Studenten höherer Semester.

▶ Kandidatenkolloquien stellen arbeitsintensive Kurse dar, die die Möglichkeit zur Vorbereitung auf eine Abschlußprüfung bieten.

▶ Kolloquien zu einem bestimmten Thema bieten die Möglichkeit, sich mit dem jeweiligen Thema im Plenum auseinanderzusetzen. Solche Kolloquien sind kaum überfüllt und bieten dadurch eine gute Grundlage zur konstruktiven Diskussion.

▶ Kolloquien und Oberseminare für Studenten in der Endphase: Hier werden meist neuere Forschungsbeiträge und Spezialgebiete diskutiert. In den meisten Oberseminaren haben die Studenten auch die Chance, ihre eigene Abschlußarbeit vorzustellen und im Plenum zu besprechen. Wer ein Oberseminar besuchen kann, darf oder muß, bestimmt häufig der jeweilige Professor.

2.3 Leistungsnachweise: Welche Hürden sind zu nehmen?

Leistungsnachweise (Scheine) sind in etwa mit Zeugnissen zu vergleichen. Im Gegensatz zur Schule sind in der Uni nicht alle Endresultate des vergangenen Semesters aufgelistet, sondern es gibt Scheine für die einzelnen Lehrveranstaltungen. Ein richtiges Zeugnis bekommt man im Laufe eines Studienganges nur zweimal: Eines möglichst zum Abschluß, häufig aber schon eines zur Mitte der Studienzeit über die bestandene Vordiploms- bzw. Zwischenprüfung.

2.3.1 Scheine

In den jeweiligen Prüfungsordnungen ist festgelegt, wie viele und gegebenenfalls welche Scheine man vorweisen muß, um sich für die entsprechende Prüfung anzumelden.

Zu einem Schein kommt man über die »erfolgreiche Teilnahme« an einer Veranstaltung. Diese »erfolgreiche Teilnahme« kann die regelmäßige Teilnahme sowie eine bestandene Klausur darstellen, ein gehaltenes Referat ebenso wie die Abgabe einer schriftlichen Seminararbeit. Wie so vieles wird auch dies vom Dozenten festgelegt.

Nicht selten werden die Scheine zum bestimmenden Faktor bei der Wahl eines Seminars oder einer Vorlesung. Wenn in einer Veranstaltung ein Referat, eine Hausarbeit und eine bestandene Klausur Voraussetzungen für den Scheinerwerb sind, alternativ in einer anderen aber die wöchentliche schriftliche Beantwortung von Fragen genügt, wird die behandelte Thematik für viele zweitrangig. Auch bei der Entscheidung für die Nebenfächer spielt dieses Kriterium eine nicht unwesentliche Rolle – gerade hier sind die Unterschiede in den Anforderungen oft recht groß. Wer derart ökonomisch an das Studium herangeht, bewegt sich selten über die Minimalanforderungen hinaus. Leider eine häufig anzutreffende Einstellung von Studenten, die ihr Studium möglichst schnell durchziehen wollen oder »nebenbei« studieren.

2.3.2 Prüfungen

Zwei größere Prüfungen muß ein Student der Soziologie überwinden: Zum einen die Vordiploms- oder Zwischenprüfung, die das Grundstudium abschließt und zur Aufnahme des Hauptstudiums und damit der entsprechenden Veranstaltungen berechtigt. Zum anderen die Abschlußprüfung, die entweder zum Tragen des Magister-Titels (M.A.) oder des Diplom-Titels (Dipl.) berechtigt. Um sich für die Vordiploms-, Zwischen- oder Abschlußprüfung anmelden zu können, muß man eine bestimmte Anzahl von Scheinen aus zum Teil vorgegebenen Veranstaltungen vorweisen. Unter Umständen muß das Latinum hervorgekramt oder an der Uni nachgeholt werden, besonders bei Magister. Erst dann kann man zur Prüfung antreten. Für jede Prüfung gibt es eine entsprechende Prüfungsordnung, die die Prüfungsvoraussetzungen wie auch die Prüfungsanforderungen festlegt. Man sollte sie sich auf alle Fälle rechtzeitig beim Prüfungsamt besorgen, damit man früh genug weiß, welche Wissensgebiete man sich bis zur Prüfung (am besten über den Besuch von entsprechenden Veranstaltungen) angeeignet haben muß. Außerdem werden nicht jedes Semester zu allen Vertiefungsgebieten Veranstaltungen angeboten.

2.3.2.1 Vordiploms- und Zwischenprüfung

Die Zwischenprüfung »sollte« oder kann nach dem 4. Fachsemester abgelegt werden, an manchen Unis muß man sie spätestens nach dem 6. Fachsemester angreifen. Diese Prüfung besteht meist aus zwei- oder mehrstündigen Klausuren und gegebenenfalls mündlichen Prüfungen, an manchen Hochschulen gilt sie auch als erbracht, wenn bestimmte Leistungsnachweise des Grundstudiums vorgelegt werden können (kumulative Zwischenprüfung).

2.3.2.2 Abschlußprüfung (Diplomprüfung/Magisterprüfung)

Diplom- und Magisterprüfung unterscheiden sich zwar in Anzahl und Art der Einzelprüfungen, es gibt jedoch ein paar Gemeinsamkeiten, die im folgenden kurz umrissen werden. Die Abschlußprüfung umfaßt mehrere Prüfungsteile:

▶ Die Diplom- oder Magisterarbeit: Eine schriftliche Hausarbeit über ein wissenschaftliches Thema. Bearbeitungshöchstdauer und Umfang sind festgelegt (ca. 6 Monate; je nach Fach, Uni und Dozent ca. 70-150 Seiten). Sinn und Zweck ist der Nachweis selbständigen wissenschaftlichen Arbeitens.

▶ Eine oder mehrere schriftliche Klausuren (je nach Studiengang, -ort und Fächerkombination) in einem oder in mehreren Fächern.

▶ In jedem Fach mindestens eine mündliche Prüfung (die Anzahl variiert je nach Studiengang, i.d.R. jeweils eine pro gewähltem Vertiefungsgebiet, sowie in jedem Nebenfach).

3. Studiumorganisation, Studienanforderungen

3.1 Formales und Formalitäten

3.1.1 Studienvoraussetzungen

▸ **Allgemeine Hochschulreife** (also keine Fachhochschulreife):
Diese wird durch ein bundesdeutsches Reifezeugnis (Abitur) oder
einen gleichwertigen Bildungsnachweis (beim 2. Bildungsweg) bestätigt. Wer keine bundesdeutsche Hochschulreife, sondern die eines
anderen Lands besitzt, muß sich rechtzeitig um die Anerkennung
bemühen.

▸ **Zulassungsbeschränkungen**:
An einigen Hochschulen gibt es für Soziologie örtliche Zulassungsbeschränkungen. Örtliche Beschränkungen werden hochschulintern geregelt und beziehen sich meistens auf das Hauptfach, können aber auch
Nebenfächer betreffen. Daher sollte man sich so früh wie möglich bei
der gewünschten Hochschule die erforderlichen Informationen besorgen. Der Zulassungsantrag ist bei der jeweiligen Uni (nicht bei der Zentralstelle für die Vergabe von Studienplätzen - ZVS) zu stellen. Die
Bewerbungsfristen sind möglichst zu beachten. Brauchbare Informationen sind den Studentensekretariaten an den jeweiligen Unis zu entlok-
ken.

3.1.2 Immatrikulation

Das studentische Leben fängt mit der Immatrikulation an. Normalerweise
muß man zur Immatrikulation persönlich im Studentensekretariat erscheinen. Eine erste Hürde bilden die kurzen Einschreibfristen, deren genaue
Termine beim jeweiligen Studentensekretariat zu erfahren sind.

Bei der Einschreibung sind folgende Unterlagen auf den Tisch zu legen:

▸ Zulassungsbescheid der Universität (soweit eine Zulassungsbeschrän-
kung besteht)

▸ Original und beglaubigte Kopie des Reifezeugnisses (durch die Schule)

▸ Versicherungsnachweis der Krankenversicherung

▸ 3-4 Paßbilder

▸ eventuell polizeiliches Führungszeugnis

▸ Beleg über die bezahlten Sozialgebühren (auch Studentenwerksbeitrag
genannt), die in jedem Semester neu zu bezahlen sind.

Hat man sich offiziell an der jeweiligen Universität eingeschrieben, bekommt man Studienbuch und Studentenausweis ausgehändigt bzw. später
zugeschickt. Ins Studienbuch sollten alle studienrelevanten Vorkommnisse
eingetragen werden: belegte Lehrveranstaltungen, abgelegte Prüfungen,

Fach- und Hochschulwechsel. Das Studienbuch muß sorgfältig aufbewahrt werden, da es bei der Anmeldung zur Abschlußprüfung (entsprechend ausgefüllt) vorzulegen ist. Der Studentenausweis ist Einlaßberechtigung für alle Hochschuleinrichtungen. Nicht zu vergessen sind hier auch die zahlreichen Preisermäßigungen, von Reisen bis zu Theaterkarten, zu denen der Studentenausweis verhilft.

3.1.3 Rückmeldung

Um den Studentenstatus nicht schon während des Studiums zu verlieren, muß man sich zu Beginn jedes Semesters zurückmelden, in vielen Fällen auch Mitte oder Ende des vorhergehenden Semesters. Die Termine und die Rückmeldeverfahren sind hochschulintern unterschiedlich geregelt. Wer die Rückmeldung versäumt, hat offiziell seinen Studienplatz für das jeweilige Semester verloren. Der Termin steht in den Studentenpapieren. Bei der Rückmeldung dringend erwünscht sind:

▶ Versicherungsnachweis der Krankenversicherung

▶ Studentenausweis

▶ Antrag zur Rückmeldung

▶ Nachweis des bezahlten Studentenwerksbeitrags für das kommende Semester (nicht überall zur Rückmeldung erforderlich, aber auf alle Fälle, um den neuen Studentenausweis zu bekommen).

3.1.4 Beurlaubung

In bestimmten Fällen kann man sich vom Studium beurlauben lassen, z.B. bei Krankheitsfällen, längerfristigen Praktika oder Auslandsaufenthalten. Das ist wichtig für die Semesterzählung im Zusammenhang mit Prüfungsterminen. Die Studentensekretariate geben Auskünfte über die Details. Ein beurlaubter Student bleibt Student mit allen studentischen Rechten. Lediglich die Verpflichtung, an Lehrveranstaltungen teilzunehmen, entfällt.

3.1.5 Exmatrikulation

Sich exmatrikulieren heißt nichts anderes als sich von der Hochschule abmelden, z.B. wegen eines Studienortswechsels oder bei erlangtem Hochschulabschluß. Hat man die Rückmeldung versäumt, wird man zwangsexmatrikuliert. Bei einem gewünschten Hochschulwechsel ist die Exmatrikulation von der bisherigen Hochschule die Voraussetzung für die Immatrikulation an der neuen Hochschule.

3.1.6 Weitere studiumrelevante Begriffe und Informationen

▶ **Regelstudienzeit**: Vorsicht: Etikettenschwindel! Die Regelstudienzeit ist keineswegs die Regel. Sie ist meist nur ein Semester höher angelegt, als die Mindeststudiendauer. Im Falle der Soziologie sind das neun

Semester, während die durchschnittliche Studiendauer – je nach Hochschule – um die zwölf Semester beträgt.

▶ **Höchststudiendauer**: Die Höchststudiendauer entspricht der maximalen Zeit (Semesteranzahl), nach der die Abschlußprüfung abzulegen ist – meist 14 Semester.

▶ **Förderungshöchstdauer**: Die Förderungshöchstdauer entspricht der maximalen Zeit (Semesteranzahl), in der man Anspruch auf eine Studienförderung hat. Sie orientiert sich an der Regelstudienzeit und beträgt somit neun Semester.

3.2 Tips zum Aufbau des Studiums

3.2.1 Grundstudium

Das wichtigste Ziel dieser Studienphase besteht darin zu lernen, wie man wissenschaftlich arbeitet. Dies geschieht vor allem in den Einführungskursen, in denen einige Seminarsitzungen darauf verwendet werden. Zusätzlich sollte man diese Zeit als Orientierungsphase nutzen und versuchen, den eigenen Interessen und Fähigkeiten entsprechend Schwerpunkte innerhalb des Studienfachs zu wählen. In den auf den Einführungskursen aufbauenden Seminaren (SII bzw. Proseminar) muß man meist eine erste Seminararbeit anfertigen, um einen Schein zu erhalten. Diese ersten Seminararbeiten sind eher dazu gedacht, das wissenschaftliche Arbeiten zu üben. Viele Studenten denken allzuoft, sie müßten eine perfekte Arbeit abliefern und geraten dabei unter ziemlichen Streß; diese überhöhten Selbstanforderungen sind unangemessen und auch unnötig, denn aus eigenen Fehlern kann man bekanntlich sehr gut lernen. Wer kein Fachidiot werden will und einen verstohlenen Blick über den eigenen Tellerrand wagen will, der soll auch mal bei anderen, wieso nicht »exotischen« Veranstaltungen vorbeischauen. Ringvorlesungen bieten die Möglichkeit, zu gesellschaftlichen Themen Vorträge zu hören: Themen wie Gewalt, Ethik und Gentechnik, Ökologie und Marktwirtschaft werden fachübergreifend auch von Dozenten anderer Unis oder anderer gesellschaftlicher Bereiche für ein interessiertes Publikum aufbereitet.

3.2.2 Zwischen- und Vordiplomsprüfung

Für die Zwischenprüfung sollte man sich bereits zu Beginn des Grundstudiums anhand der jeweiligen Zwischenprüfungsordnung darüber informieren, welche Anforderungen darin gestellt werden. So kann man dann bereits sein Grundstudium, d.h. die Wahl der Veranstaltungsthemen u.ä. darauf ausrichten, sich den bei der Zwischenprüfung geforderten Wissensumfang bis dahin nach und nach anzueignen.

3.2.3 Hauptstudium

Es ist sinnvoll, die Veranstaltungen so zu wählen, daß man in möglichst viele soziologische Bereiche hineinschnuppert und dann seinen eigenen Schwerpunkt (im Hinblick auf das Thema der Abschlußarbeit) wählt. Um einen Überblick über das Fach und seine Teilbereiche zu bekommen, bieten sich die Vorlesungen an. Die Wahl der Seminare und ihrer Themen kann sich dann nach den Interessenschwerpunkten richten. Im Hinblick auf die Abschlußarbeit sollten zu einem Themenbereich, dem gewählten Schwerpunkt, wenn möglich mehrere Veranstaltungen oder Hauptseminare besucht werden.

3.2.4 Abschlußarbeit

Für die Abschlußarbeit ist es ratsam, kein völlig unbekanntes Thema zu wählen, sondern ein Gebiet, in das man einigermaßen eingearbeitet ist. Oft ist es nützlich, ein Oberseminar zu besuchen, das die Möglichkeit bietet, mit anderen fachlich über die Arbeit (Gliederung, Wahl der Beispiele, Verständlichkeit der Argumentation, neueste Literatur etc.) zu diskutieren. Falls möglich, sollte man mit Dozenten oder Professoren Kontakt aufnehmen, die sich bereits mit dem gewählten Thema beschäftigt haben. Sie können leichter beurteilen, ob die Idee für eine Abschlußarbeit geeignet ist.

Die Gliederung ist immer mit dem betreuenden Erstkorrektor zu diskutieren – bei Unklarheiten empfiehlt es sich, immer nachzufragen. Bei der Wahl des Zweitkorrektors kann man sich vom Erstkorrektor beraten lassen und sollte auch bei Kommilitonen nach entsprechenden Erfahrungen fragen. So ein Erfahrungsaustausch kann sehr hilfreich sein, denn es kann z.B. vorkommen, daß manche Zweitkorrektoren die Note vom Erstkorrektor aus – für den Studenten – nicht ganz nachvollziehbaren Gründen extrem abwerten.

3.2.5 Prüfungen

Grundsätzlich sollte man sich über Art, Themengebiete und Anzahl der Einzelprüfungen in der jeweiligen Prüfungsordnung informieren. Achtung: Paragraphenhaltige, nicht besonders spritzige Lektüre, aber leider wichtig. Vielleicht kennt man ein paar Studienkollegen, die sich da auskennen und weiterhelfen.

Die Wahl der Prüfer ist genau zu überlegen. Eine Orientierung bieten die Seminare, in denen man die Möglichkeit hat festzustellen, mit welchem prüfungsberechtigten Dozenten man am besten zurechtkommt. Deswegen sollte man alle relevanten Professoren auch in persönlicheren Veranstaltungen mal durchprobieren.

3.2.5.1 Tips für die Prüferwahl

▶ Prinzipiell sollte man sich mit seinem Prüfer gut verstehen, die meisten Studienanfänger haben sicher Erfahrungen an der Schule gemacht, die diesen Tip vollauf bestätigen.

▶ Es ist empfehlenswert, sich früh genug über die Anforderungen des jeweiligen Prüfers zu informieren.

▶ Die Spezialgebiete des Prüfers sollten einem einigermaßen bekannt sein, das ein oder andere Buch des Prüfers zum Thema durchgeblättert oder gar gelesen werden.

▶ Es ist sinnvoll, beim jeweiligen Prüfer mindestens ein Seminar besucht zu haben (beim Erstkorrektor natürlich mehr als ein Seminar).

▶ Es ist günstig, wenn die Prüfungsthemen nicht ganz außerhalb des Forschungsbereichs des Prüfers liegen.

▶ Man tut auch hier wieder gut daran, sich bei den Kommilitonen Informationen einzuholen, z.B. über die einzelnen Prüfer, die Art der Prüfungsfragen sowie die Prüfungsschwerpunkte.

3.2.5.2 Abschlußprüfung

▶ Klausur:
Es hat sich als hilfreich erwiesen, eine Arbeitsgruppe für die Vorbereitung auf die Klausur zu gründen. Das Thema der Klausur sollte – falls man die Wahl hat – genau überlegt werden. Bei der unmittelbaren Vorbereitung sollte man sich von der Oberfläche aus in die Tiefe einarbeiten – nicht umgekehrt, da sonst das typische Phänomen »vor lauter Bäumen den Wald nicht mehr sehen« eintreten kann.

▶ Mündliche Prüfung:
Prüfungsthemen wählen, in die man schon einigermaßen eingearbeitet ist und entsprechende Veranstaltungen besucht hat. Dabei sollte man die Themen unbedingt verbindlich mit dem Prüfer absprechen.

3.3 Welche Veranstaltungsformen für welche Ziele?

3.3.1 Vorlesungen

Vorlesungen sind bestens dazu geeignet, sich ein breites Wissen anzueignen, das oftmals aber auch ein oberflächliches ist. Meist hat man hier die Möglichkeit, sich einen groben Überblick über einen Teilbereich des Fachs zu verschaffen. Für Studienanfänger sind Vorlesungen mit Titeln wie »Einführung in...« bestens geeignet, jedoch nicht allzu oft im Vorlesungsverzeichnis zu finden. Für »höhere Semester« sind Vorlesungen auch ein geeignetes Mittel, um Wissensdefizite im Hinblick auf die Prüfungen auszugleichen. Vorlesungen zu Spezialthemen helfen bei der Vorbereitung von Abschlußarbeiten oder Prüfungsschwerpunkten.

Studienanfänger müssen sich darauf einstellen, daß sie in einer Vorlesung anfangs nicht allzuviel verstehen. Aber keine Sorge – das geht jedem so. Mit wachsender Semesterzahl wächst auch das Verständnis. Trotzdem sollte man den Mut haben, eine schlechte Vorlesung fallen zu lassen, weil die Zeit allemal besser verwendet werden kann, nicht nur bei Badewetter.

3.3.2 Seminare

Als Studienanfänger braucht man sich über die Wahl der Seminare und ihre Themen nicht so viele Sorgen machen, denn häufig sind Anzahl und Art der ersten Seminare vorgegeben. Hat man dann die einführenden Seminare bewältigt, kann man die Seminare der nächsten Stufe selbst auswählen. Dabei kann das Angebot der Seminarthemen von Uni zu Uni variieren. Bei der Wahl der Seminarthemen ist es ratsam, sich nicht ausschließlich an der persönlichen Interessenslage zu orientieren, sondern auch darauf zu achten, sich in den Standardthemen eine solide »Wissensbasis« zu schaffen.

Im Grundstudium stellt man vermutlich Vorlieben für bestimmte Themen und Bereiche fest, die sich dann im Hauptstudium vertiefen lassen. In den Hauptseminaren verbessert man seine Fähigkeiten, wissenschaftlich zu arbeiten und bereitet sich so mehr und mehr für die Abschlußarbeit vor.

Sogenannte Oberseminare empfehlen sich nur für die Abschlußphase des Studiums.

3.3.3 Arbeitsgruppen

Arbeitsgruppen zur Prüfungsvorbereitung sind aus psychischen und fachlichen Gründen sehr empfehlenswert. Sie entstehen meist nur durch Eigeninitiative der Studenten. Man muß sich also selbst darum bemühen. Sinnvoll ist es, sich mit anderen Studenten zusammen so auf eine Prüfung vorzubereiten. Arbeitsgruppen haben manchen Vorteil: Erstens wissen viele Köpfe mehr als einer, zweitens kann man über die eigenen fachlichen Probleme diskutieren und ist damit nicht nur auf sich selbst angewiesen. Wie einige Dozenten meinen, schneiden Studenten, die in Arbeitsgruppen gelernt haben, bei Prüfungen erfahrungsgemäß besser ab.

4. Handwerkszeug und Hilfsmittel für das Studium

4.1 Bibliographieren

Das richtige Bibliographieren, d.h. das Zusammensuchen und -stellen der für ein Thema relevanten Literatur, ist ein wichtiger Bestandteil schriftlichen wissenschaftlichen Arbeitens. In den meisten Bilbliotheken kann man sowohl nach einem Autor wie auch nach einem Schlagwort suchen. Die Literaturliste der in einer Arbeit verwendeten Literatur heißt Bibliographie. Sie muß in jeder schriftlichen wissenschaftlichen Arbeit (ob Seminararbeit oder Dissertation) auftauchen. Zu der Frage »how to handle Bibliographie« sind in mehreren Reihen Beiträge erschienen (z.B. auch in der Dudenreihe). In den meisten Einführungskursen wird das richtige Erstellen einer Bibliographie geübt. Den entsprechenden Lernerfolg kann der fleißige Student dann in der Seminararbeit unter Beweis stellen. Ein fiktives Beispiel für eine korrekte Literaturangabe wäre:

Camen, Bert (1995): Die Dialektik des Schlemmens. Einführung in die Soziologie des Genusses. München/Paris.

4.2 Referate schreiben – halten – diskutieren

In den meisten Seminaren sind Referate die wichtigsten Gestaltungsmittel. Die Themen werden durch Referate der Teilnehmer vorgestellt und anschließend unter der Leitung des Dozenten diskutiert.

Ein Referat sollte klar und logisch gegliedert sein. Das Thema sollte so dargestellt werden, daß die anderen Seminar-Teilnehmer, die sich nicht oder nur oberflächlich mit dem Thema beschäftigt haben, verstehen, um was es sich im wesentlichen handelt. Für die Seminarsitzung, in der das Referat dann gehalten wird, empfiehlt es sich, ein sogenanntes Thesen- oder Arbeitspapier vorzubereiten und auszugeben. Dieses Arbeitspapier enthält die Gliederung des Referats und kurze, stichpunktartige Ausführungen zu den einzelnen Gliederungspunkten. Diese Papiere erleichtern die Referatssituation sowohl für den Referenten als auch für die Zuhörer, die so eine Orientierungshilfe während des Vortrags und eine gute Grundlage für die anschließende Diskussion haben. Außerdem entfällt damit das lästige Mitschreiben. Abgesehen von den Vorlieben des jeweiligen Dozenten empfiehlt es sich, ein kurzes, knackiges Referat zu halten, bei dem anschließend noch Fragen offen bleiben, anstatt eines ausführlichen, langatmigen, das jede Diskussion erstickt.

Referate sind frei gehalten am Besten. Nichts ist ermüdender als ein monoton vorgelesenes Referat. Wer das Thema verstanden hat, kann auch anhand eines Leitfadens die wichtigsten Gedanken darstellen. Wenn dann noch Anregungen, Widersprüche und eigene Bewertung anknüpfen, hat der Referent sein Metier im Prinzip schon gemeistert.

4.3 Eine Seminararbeit erstellen

In den meisten Fällen erhält man einen Schein durch das Halten eines Referats und dessen schriftliche Ausarbeitung (Seminararbeit). Dabei kann die Gliederung des Referats zum Inhaltsverzeichnis der Seminararbeit umgearbeitet werden. Die Art und Weise, wie man eine wissenschaftliche Arbeit anfertigt, wird in den Einführungskursen zuweilen ausführlich besprochen. Seminararbeiten sollten einen klar gegliederten Aufbau erkennen lassen und zusätzlich über ein Inhaltsverzeichnis, Fußnoten (für die Quelle von Zitaten oder eigene Anmerkungen, die sich schlecht in den Fließtext integrieren lassen) und eine Bibliographie verfügen. Mit das wichtigste an einer Seminararbeit ist die eigenständige Argumentation. Nimmt man für die eigene Argumentation fremde Ideen (aus der durchgearbeiteten Literatur) zu Hilfe, müssen diese als Zitate gekennzeichnet werden.

Im folgenden sind noch ein paar Punkte aufgeführt, die man beim Schreiben einer Seminararbeit beachten sollte:

- ▶ Rechtzeitig die für das Thema relevante Literatur recherchieren, besorgen, aufmerksam durcharbeiten, wichtige Punkte am besten gleich (am PC) verarbeiten.
- ▶ In die Arbeit integrierte oder übernommene Passagen aus der verwendeten Literatur gleich als Zitate ausweisen. Zitierte Textstellen im nachhinein suchen kostet viel Mühe.
- ▶ Das Thema anfangs vorstellen und eingrenzen.
- ▶ Die richtige, d.h. für die Themenbehandlung sinnvolle Fragestellung finden, unter der das Thema behandelt wird.
- ▶ Formulierungen wie »ich denke« o.ä. vermeiden; objektiv und sachlich schreiben.
- ▶ Behauptungen nicht einfach aufstellen, sondern Aussagen durch Argumente stützen.
- ▶ Es ist nicht Aufgabe einer Seminararbeit, alle Fragen zum Thema zu beantworten, sondern eher, einen sinnvollen Diskussionsbeitrag bzw. Denkanstoß zum Thema zu liefern.

4.4 Lernen auf Klausuren

Bei bevorstehenden Klausuren ist es sinnvoll, mit dem jeweiligen Dozenten über die optimale Vorbereitung zu sprechen. Häufig dürfen z.B. auch Seminarunterlagen verwendet werden, wobei die Klausur dann die Anwendung des Gelernten darstellt. Dann geht es weniger darum, das Gelernte abzufragen, sondern dieses anzuwenden. Manche Dozenten fragen auch nur den Lernstoff ab. Auch hier ist, wie so oft, die Zusammenarbeit mit den Kommilitonen empfehlenswert.

5. Orientierungshilfen, Kontaktmöglichkeiten, Studentengruppen

5.1 Orientierungsveranstaltungen

▶ An vielen Hochschulen werden für jedes Fach bzw. jeden Fachbereich eigene Orientierungsveranstaltungen für Studienanfänger angeboten. Diese sind von der Fachschaft und/oder den Dozenten organisiert und finden unter Umständen bereits kurz vor Semesterbeginn statt, weshalb man sich auch rechtzeitig nach den Terminen erkundigen sollte. Die Teilnahme an diesen Veranstaltungen ist für jeden Studienanfänger unbedingt zu empfehlen, da man dort nicht nur Informationen erhält, die für das eigene Studium relevant sind, sondern auch die erste Kontaktmöglichkeit zu (künftigen) Kommilitonen hat. Die Orientierungsveranstaltungen sind darauf ausgerichtet, Studienanfängern ihren Studienstart zu erleichtern sowie Fragen hinsichtlich

▶ Stundenplan
▶ Studienablauf
▶ Fachinhalten
▶ Organisation
▶ Struktur des akademischen Unterrichts
▶ Bibliotheksbenutzung (-führung)

etc. zu klären. Meist ist eine schriftliche Anmeldung am jeweiligen Institut erwünscht oder erforderlich. Die Termine für diese Veranstaltung sind ebenfalls dort (telefonisch oder über Aushang am Schwarzen Brett) zu erhalten.

Fachschaften

In jedem Fachbereich gibt es eine Fachschaft. Das ist eine Initiative aus engagierten Studenten, die sich für die studentischen Interessen am jeweiligen Fachbereich aktiv einsetzen und u.a. versuchen, studentische Mitbestimmung an der Universität wahrzunehmen, zu verteidigen, oftmals überhaupt erst durchzusetzen. Die Fachschaften organisieren an manchen Unis z.B. auch eigene Einführungs- oder Orientierungsveranstaltungen (s.o.), in denen ältere Semester den Studienanfängern eine Orientierung für den Studieneinstieg und -beginn anbieten. Die Aktivitäten der Fachschaft haben zum Ziel, durch hochschulpolitische Arbeit die Studienbedingungen am jeweiligen Fachbereich zu verbessern. Die Fachschaften stehen jedem Student des Fachbereichs offen, und Mitarbeiter sind immer willkommen. An sie kann man sich auch mit Fragen zum Studium o.ä.

wenden. Wo und wann sich die Fachschaft trifft, steht am Schwarzen Brett oder im erläuterten Vorlesungsverzeichnis des Fachbereichs.

5.2 Hochschulpolitische Gruppen und Organe

Für Leute, die sich politisch interessieren und sich auch aktiv für die Interessen der Studenten einsetzen wollen, sind die hochschulpolitischen Gruppen interessant. Sie bieten im allgemeinen die Möglichkeit zur aktiven Mitarbeit.

5.2.1 AStA (Allgemeiner Studentenausschuß)

Der AStA ist ein Selbstverwaltungsorgan studentischer Interessen, das die gesamte Studentenschaft hochschulintern und -extern vertritt. Der AStA bestimmt die Hochschulpolitik aktiv mit, oftmals gegen den Widerstand von Unileitungen und Ministerien. Ebenso organisiert der AStA Serviceangebote für Studenten. In der Regel setzt sich der AStA aus mehreren Referaten zusammen, z.B. Frauen oder Umwelt, an die man sich bei entsprechenden Problemen oder Fragen wenden kann.

5.2.2 Studentische Vereinigungen

Wer sich an der Hochschulpolitik beteiligen will und dies nicht im Alleingang tun möchte, kann sich z.B. auch einer politischen studentischen Vereinigung anschließen, die es in reicher Variationsbreite an jeder Hochschule gibt und sich durch mehr oder weniger große Parteinähe auszeichnen. Die Studentischen Vereinigungen treten auch bei den Wahlen der Vertreter der Studenten in Versammlung, Senat und Fachbereichsräten an. Ob nun JUSO (Jungsozialisten-Hochschulgruppe), GUSTAF (Gruppe unabhängiger Studenten aller Fachschaften) oder UFO (Unabhängige Fachschaftsoffensive), in allen Vereinigungen sind Mitglieder bzw. Mitarbeiter immer willkommen.

5.3 Andere studentische Einrichtungen

5.3.1 Studentengemeinden

Die Studentengemeinden sind kirchliche Einrichtungen, die sich auch um kulturelle und gesellschaftliche Aufgaben kümmern. Häufig haben sie ein umfassendes Veranstaltungsprogramm und vermitteln auch Plätze in den eigenen Studentenwohnheimen. Die Evangelische Studentengemeinde (ESG) lädt z.B. zu Vortrags- und Diskussionsveranstaltungen, Arbeitskreisen und geselligen Veranstaltungen ein; sie ist offen für Mitglieder aller christlichen Kirchen. Ihr Pendant, die Katholische Hochschulgemeinde (KHG), hat ein ähnliches Programm. Zusätzlich bieten beide Einrichtungen Beratungen für ausländische und deutsche Studenten an.

5.3.2 Hochschulsport

An den meisten Hochschulen gibt es Einrichtungen für Hochschulsport. Hier hat man die Möglichkeit, als Student ein breites und vielseitiges Sportprogramm zu nutzen. Die Preise sind für Studenten äußerst gering. Ob nun Segeln oder Aerobic, Leichtathletik oder Handball, wer etwas für seine körperliche Ertüchtigung tun möchte, findet hier bestimmt etwas. Weitere Informationen und gegebenenfalls Prospekte erhält man beim Studentenwerk.

Natürlich sind damit noch längst nicht alle Möglichkeiten des Leute-Kennenlernens und des Aktiv-Seins aufgezählt. Im allgemeinen kann man beim Studentenwerk weitere Informationen oder eine entsprechende Broschüre erhalten, die alle wichtigen Stellen, Adressen, Initiativen und Einrichtungen aufführt.

6. Hilfestellungen für die Studienzeit

6.1 Wie kann ich das Studium finanzieren?

6.1.1 Private und öffentliche Stipendien

In Deutschland gibt es einige überregionale und regionale Begabtenförderungswerke und Stiftungen, bei denen man sich um ein Stipendium bewerben kann. Im Gegensatz zur staatlichen Förderung (BAföG) müssen die Bewerber jedoch bestimmte Voraussetzungen (wie z.B. überdurchschnittliche Begabung) vorweisen können, um ein bestimmtes Stipendium zu erhalten. Welche Förderungsmöglichkeiten und -voraussetzungen es gibt, ist i.d.R. beim Studentenwerk und dem AStA zu erfahren. Die erforderlichen Infos und Formulare erhält man bei den jeweiligen Stiftungen. In vielen Fällen sind bei der Bewerbung auch zwei Empfehlungen von Dozenten notwendig. Im folgenden sind einige Stiftungen aufgeführt, über die man ein Stipendium erhalten kann.

Cusanuswerk – Bischöfliche Studienförderung
Baumschulallee 5
53115 Bonn
☎ (0228) 631407, 631647, 631237

Evangelisches Studienwerk Villigst e.V.
Haus Villigst
58239 Schwerte
☎ (02304) 755-0

Friedrich-Ebert-Stiftung e.V.
Godesberger Allee 149
53175 Bonn
☎ (0228) 883-0

Friedrich-Naumann-Stiftung
Institut für Forschung und Begabtenförderung
Königswinterer Straße 409
53639 Königswinter
☎ (02223) 701-0

Friedrich-Naumann-Stiftung
Abteilung für Begabtenförderung
Taubenstr. 48/49
10117 Berlin
☎ (030) 2231-0

Hans-Böckler-Stiftung
Mitbestimmungs-, Forschungs-, und Studienförderungswerk des

Deutschen Gewerkschaftsbundes
Bertha-von-Suttner-Platz 3
40227 Düsseldorf
☎ *(0211) 7778-0*

Hanns-Seidel-Stiftung e.V.
Studienförderung
Lazarettstraße 33
80636 München
☎ *(089) 1258-0*

Konrad-Adenauer-Stiftung
Postfach 1420
Rathausallee 12
53757 St. Augustin
☎ *(02241) 246-0*

Otto-Benecke-Stiftung e.V.
Kennedyallee 105-107
53175 Bonn
☎ *(0228) 8163-0*

Studienstiftung des Deutschen Volkes
Mirbachstraße 7
53173 Bonn
☎ *(0228) 82096-0*

6.1.2 Staatliches Stipendium: BAFöG (Bundesausbildungs-förderungsgesetz)

Das Bundesausbildungsförderungsgesetz sieht eine staatliche finanzielle Unterstützung von Studenten vor, die in finanzieller Hinsicht eine »Bedürftigkeit« nachweisen können (hierbei wird auch das Einkommen der Eltern berücksichtigt). Dabei handelt es sich meist um ein leistungsunabhängiges Stipendium, das ganz oder teilweise als Darlehen bewilligt wird. Die BAFöG-Anträge sind im Studentenwerk oder in der jeweils zuständigen BAFöG-Stelle zu erhalten. Bei diesen Stellen erhält man die aktuellen Informationen und Hilfestellungen zu BAFöG-Fragen. Bei den Fachschaften oder ASten gibt es oft Beratungsstellen, bei denen mit etwas Glück nützliche Tips und Kniffe zu erfahren sind, die bei den offiziellen Stellen verschwiegen werden. Wer den abschreckenden Formularkrieg einmal hinter sich und seinen Antrag bewilligt bekommen hat, erhält monatlich einen Zuschuß, dessen Höhe sich nach der finanziellen Situation der Familie richtet. Dabei müssen von BAFöG-Empfängern jedoch bestimmte Bedingungen hinsichtlich des Studienablaufs erfüllt werden, damit die finanzielle Unterstützung nicht eingestellt wird, z.B. das Ablegen der Zwischenprüfung innerhalb einer bestimmten Anzahl an Semestern. Schließlich muß die Abschlußprüfung innerhalb der Förderungshöchstdauer (ca. 10 Semester) erfolgen.

6.1.3 Selbst die Kasse aufbessern

Ein großer Teil der Studenten ist darauf angewiesen, während des Studiums zu jobben. Wer auf Jobsuche ist, kann sich auch an das Arbeitsamt wenden, das bei vielen Unis eine Servis-Jobvermittlung für Studenten (»Studenten-Servis«) eingerichtet hat. Dort werden kurzfristig Jobs vermittelt: Vom eintägigen Umzugseinsatz bis zum mehrwöchigen Bürojob.

Natürlich kann man sich auch selbst auf die Jobsuche machen. Sofern es möglich ist, sollte man dabei auch ein wenig die Chancen für den Berufseinstieg nach dem Studium im Auge behalten. Hat man z.B. das Glück, einen Job bei einer Firma zu bekommen, bei der man sich auch vorstellen kann, nach dem Studium eine adäquate Beschäftigung zu finden, dann bietet es sich an, hier schon sein erstes »Amigosystem« aufzubauen. Fähigkeiten und Qualifikationen, die man sich über einen Job und die damit verbundenen Anforderungen und Tätigkeiten eventuell aneignen kann, sollten in ihrer Relevanz für die »berufliche Qualifikation« nicht unterschätzt werden. Nicht zuletzt sind viele der über das Jobben gemachten Erfahrungen nützlich und von Vorteil.

Auch an den Unis selbst gibt es die Möglichkeit, sich als »studentische Hilfskraft« nebenher ein paar Märker dazuzuverdienen. Vor allem die Bibliotheken suchen immer wieder studentische Aufsichts- oder Aushilfskräfte, wenn auch für einen relativ geringen Stundenlohn. Wer später mal ein so lockeres Leben führen möchte wie sein Professor, bekommt vielleicht als Hiwi am Lehrstuhl schon mal einen Fuß in die Tür.

6.2   Was die Chancen auf dem Arbeitsmarkt verbessern kann

Wer eine feste Anstellung mit der Aussicht auf spätere gesicherte Rente als Ziel seines Soziologiestudiums sieht, kann schon mal ein paar Nächte schlaflos verbringen, die Lage auf dem Arbeitsmarkt ist bekanntermaßen nicht immer rosig. Da das Studium der Soziologie nicht mit einer ähnlich bestimmten Berufsqualifikation abschließt, wie vielleicht das der Medizin oder des Rechts, ist es gerade in diesem Fach wichtig, sich bereits während des Studiums Zusatzqualifikationen anzueignen. Dabei muß es sich nicht immer um »lästige Erschwernisse« handeln. Im folgenden sind einige Möglichkeiten zur Verbesserung der eigenen Situation aufgeführt.

6.2.1 Auslandsaufenthalte

Der Wert von längeren Auslandsaufenthalten während des Studiums ist auf dem Arbeitsmarkt nicht zu unterschätzen. Schließlich zeigt man damit

Sprachkenntnis, Engagement, Mobilität, Cleverness, Risikobereitschaft etc., alles Eigenschaften, die für potentielle Arbeitgeber sicher nicht uninteressant sind. Welche Möglichkeiten es für längere Auslandsaufenthalte während des Studiums gibt, wird im folgenden aufgelistet.

6.2.1.1 Auslandspraktika

Einige Organisationen vermitteln Praktika im Ausland. So organisiert z.B. die wirtschaftlich orientierte internationale Studentenorganisation AIESEC einen Praktikantenaustausch; zusätzlich werden Seminare, Podiumsdiskussionen und Vortragsreihen an den Unis durchgeführt und Firmenkontaktgespräche angeboten. Das Angebot steht Soziologen oft nur offen, wenn sie ein wirtschaftswissenschaftliches Nebenfach gewählt haben.

AIESEC-Bonn
☎ *(0228) 213201*

AIESEC-München
Amalienstr. 52
80799 München
☎*(089) 280612, 280684*

Weitere Möglichkeiten für Auslandspraktika und die dafür zuständigen Organisationen sind über das Studentenwerk oder an der Uni zu erfahren.

6.2.1.2 Auslandsstudium

Nicht nur für das Studium in der BRD kann man sich um ein Stipendium bewerben, auch für das Auslandsstudium gibt es einige Stipendienmöglichkeiten. In vielen Fällen bietet bereits die eigene Uni Auslandsstipendien an oder vermittelt diese.

Unter den jeweils anzusprechenden Organisationen ist zunächst der DAAD (Deutscher Akademischer Austauschdienst) zu nennen, eine Einrichtung der Hochschulen in der BRD. Seine Aufgabe besteht in der Förderung der internationalen Beziehungen im Hochschulbereich, insbesondere durch Austausch von Studenten und Wissenschaftlern. Unter anderem wird folgendes angeboten:

▶ Vergabe von Stipendien an ausländische und deutsche Studenten, Praktikanten, jüngere Wissenschaftler und Hochschullehrer (ERASMUS-, LINGUA- und andere Programme).

▶ Vermittlung und Förderung deutscher wissenschaftlicher Lehrkräfte (auch Lektoren der dt. Sprache, Literatur und Landeskunde) zu Dozenturen an ausländischen Hochschulen.

▶ Informationen über Studien- und Forschungsmöglichkeiten im In- und Ausland.

▶ Betreuung der ehemaligen Stipendiaten vor allem im Ausland

Für Länder der EG oder der EftA gibt es mehrere Austausch-Programme. Das sogenannte ERASMUS-Programm bietet z.B. Auslandsstipendien innerhalb der EG an. Dabei wird der Austausch von Studenten über Kooperationsprojekte einzelnener Hochschulen aus EG-Mitteln gefördert. Das LINGUA-Programm verfolgt in etwa ein ähnliches Ziel, dient jedoch vorwiegend zur Förderung der Fremdsprachenkenntnisse innerhalb der EG. Informationen zu diesen und weiteren Programmen sind bei den jeweiligen Stellen für Auslandsstudien und -stipendien der Uni oder beim DAAD zu bekommen.

DAAD
Kennedyallee 50
53175 Bonn
☎ *(0228) 882-0*

Auslandsstipendien in den USA und Kanada werden von der Fulbright-Kommission vergeben. Allerdings müssen sich die Bewerber dem sogenannten TOEFL-Test (test of english as a foreign language) unterziehen, um nachzuweisen, daß die englische Sprache ausreichend beherrscht wird. Unterlagen gibt's bei der Uni (Referat für das Auslands- und Ausländerstudium) oder über die Fulbright-Kommission.

Fulbright-Kommission
Theaterplatz 1a
53177 Bonn
☎ *(0228) 361021*

Schließlich wäre noch die Carl-Duisberg-Gesellschaft zu nennen. Von ihr werden sowohl Studien- wie auch Arbeitsaufenthalte im Ausland vermittelt und gefördert. Für Studierende der Soziologie besonders interessant ist vielleicht das ASA-Programm. Hier besteht die Möglichkeit, für drei Monate in Afrika, Asien oder Lateinamerika an einem entwicklungspolitischen Projekt zu arbeiten. Die schriftliche Bewerbung erfolgt jährlich im November, nach mehreren Auswahlstufen und Vorbereitungsseminaren geht es dann in den folgenden Sommermonaten ab ins Gastland.

Carl-Duisberg-Gesellschaft
Lützowufer 6-9
10785 Berlin
☎ *(030) 25482-0*

6.2.1.3 Ferienjobs und Arbeit im Ausland

Neben einer Fremdsprachenassistenz oder einem Auslandsstudium gibt es noch die Möglichkeit, im Rahmen eines Arbeitsaufenthalts eine kürzere oder längere Zeit im Ausland zu verbringen und entsprechende Erfahrungen zu sammeln. Auch hierfür gibt es Institutionen, die sich um die Vermittlung entsprechender Stellen kümmern. Die Zentralstelle für Arbeitsvermittlung (ZAV) vermittelt Arbeitsplätze in europäischen Industrieländern und in den USA. Ihr neues Programm »Jobben im Ausland 1995« (für Studenten wie für andere Arbeitnehmer) ist beim Arbeitsamt zu erhalten, weitere Infos hält die ZAV bereit.

Zentralstelle für Arbeitsvermittlung
- Abteilung Ausland -
Postfach 170545
Feuerbachstr. 42-46
60079 Frankfurt
☎ (069) 7111-1

Eine Alternative zum oft recht unbefriedigenden Geldauftürmen besteht in der Teilnahme an einem internationalen Workcamp. Dabei steht der Kontakt zu Menschen aus anderen und die gemeinsame Arbeit an einem mehr oder weniger gemeinnützigen Projekt (Aufbau einer ökologischen Farm, Renovierung eines Klosters, Unterstützung von Selbsthilfeprojekten etc.) im Vordergrund. Meist werden Unterkunft und Verpflegung von der jeweiligen Organisation oder vom Projektträger gestellt bzw. finanziert, die Reisekosten sowie eine Anmeldegebühr sind von den Teilnehmern zu tragen. Im folgenden einige Organisationen, die Workcamps vermitteln:

Aktion Sühnezeichen-Friedensdienste e.V.
Jebenstr. 1
10623 Berlin
☎ (030) 310261

Christlicher Friedensdienst e.V. (CFD), Deutscher Zweig
Rendeler Str. 9-11
60385 Frankfurt/Main
☎ (069) 459071

Internationale Begegnung in Gemeinschaftsdiensten e.V. (IBG)
Schlosserstr. 28
70180 Stuttgart
☎ (0711) 6491128, 6490263, 6490062

Internationaler Christlicher Jugendaustausch
Kiefernstr. 45
42283 Wuppertal
☎ (0202) 501081

Internationale Jugendgemeinschaftsdienste e.V. (IJGD)
Kaiserstr. 43
53113 Bonn
☎ (0228) 221001

Ökumenische Jugenddienste AEJ
Porschestr. 3

70435 Stuttgart
☎ (0711) 824074

Pro International
Zur Kalkkaute 21
35041 Marburg
☎ (06421) 65277

Service Civil International e.V. (SCI), Deutscher Zweig
Blücherstr. 14
53115 Bonn
☎ (0228) 212086, 212087

6.2.2 Zusatzqualifikationen erwerben

Im Hinblick auf die Zeit nach dem Studium ist für Studenten eines sozialwissenschaftlichen Fachs die Aneignung von Zusatzqualifikationen und Praxiserfahrung während der Studienzeit unbedingt zu empfehlen. Denn als »bloßer« Hochschulabgänger hat man selbst bei überdurchschnittlicher Abschlußnote noch keine Gewähr dafür, eine geeignete Arbeitsstelle zu finden. Wie man sich während des Studiums auf die Zeit hinterher vorbereiten kann, ist im folgenden kurz aufgezeigt.

6.2.2.1 Hilfreiche Fähigkeiten und Kenntnisse

Vielfach besteht bereits an der Hochschule die Möglichkeit, sich über entsprechende Kurse zusätzliche Kenntnisse und Fähigkeiten anzueignen. So bieten z.B. manche Institute und Fachbereiche an der Hochschule EDV-Kurse an, die man während des Semesters besuchen kann. Dabei lernt man, mit dem PC zu arbeiten und ihn sinnvoll für das Studium einzusetzen, bekommt einen Einstieg in die wichtigsten Programme (v.a. Textverarbeitung) und versorgt sich so mit Wissen und Fähigkeiten, die sowohl für das eigene Studium (z.B. Erstellung von Seminararbeiten) wie auch für die Qualifikation auf dem Arbeitsmarkt von Vorteil sind. Diese Chance sollte nicht verpaßt werden, denn mittlerweile sind computertechnisch erstellte Arbeiten in der Uni bereits Standard, ganz zu schweigen von der freien Wirtschaft. Auch die Recherche nach Literatur oder Forschungsdaten verlagert sich immer stärker auf Computer-Netze und Online-Datenbanken.

Fremdsprachen kann man an der Hochschule oder in anderweitig angebotenen Sprachkursen (Volkshochschule etc.) prima während des Studiums lernen oder verbessern, vor allem wenn in den Semesterferien die passende Reise ansteht. Das Angebot der kostenlosen Kurse an der Uni erfährt man bei den jeweiligen Instituten (z.B. Romanistik) oder Seminaren. An der Volkshochschule gibt es z.B. reduzierte Studentenpreise für das gesamte Angebot.

6.2.2.2 Praktikum

Es ist unbedingt zu empfehlen, während des Studiums ein oder mehrere Praktika zu absolvieren. Denn einerseits besteht so die Möglichkeit, bereits neben dem Studium (z.B. in den Semesterferien) Arbeitsbereiche aus der Nähe kennenzulernen, von denen man vielleicht nur eine vage Vorstellung hatte. Andererseits kommt man zu einer gewissen Praxiserfahrung, die für die eigenen Berufschancen später nicht unerheblich ist. Die möglichen Tätigkeitsgebiete sind für Praktika ähnlich breit gefächert wie für Beschäftigungen nach dem Studium. Je nach Studienschwerpunkten, Nebenfächern und Interessenlagen kommen z.B. größere Betriebe, Markt- und Meinungsforschungsinsitute, Zeitungen und öffentliche Einrichtungen in Frage.

Obwohl Praktika meist nicht viel einbringen (500 Mark pro Monat aufwärts) – manchmal auch gar nichts –lohnt sich das Buckeln: So können

◗ bereits vor Ende des Studiums die Verhältnisse »vor Ort« ausgelotet,

◗ erste Anlaufstellen geschaffen,

◗ die ersten Kontakte zur potentiellen Arbeitswelt aufgenommen

◗ und bereits während des Studiums wichtige Praxiserfahrungen sowie für den beruflichen Einstieg nützliche Fähigkeiten und Kenntnisse gesammelt werden.

6.2.2.3 Hilfreiche Programmme für Geisteswissenschaftler

An vielen Unis wurden eigene Institutionen und Organisationen ins Leben gerufen, die Geisteswissenschaftler auf das Arbeitsleben, vor allem auch in fachfremden Bereichen, vorbereiten sollen. Im Hinblick auf die eher nüchternen Arbeitsmarkt-Perspektiven für Geisteswissenschaftler werden diese mit vorbereitenden Maßnahmen und Programmen frühzeitig »umgeschult«, zumindest aber qualifikationstechnisch aufgerüstet. Dahinter stecken Initiativen, für die Arbeitsamt, Studentenwerk und Wirtschaftsunternehmen zusammenarbeiten. Diese Programme nennen sich »Student und Arbeitsmarkt«, »Geisteswissenschaftler und Arbeitsmarkt«, »Magister in den Beruf« etc. Die Programme sind meist gegen eine Anmeldegebühr für alle Studenten geistes- und sozialwissenschaftlicher Studiengänge offen. Sie umfassen eine Reihe von Pflichtkursen (Schreibmaschine, EDV- und BWL-Einführung) und einen Kurs zum gewählten Schwerpunktbereich (Marketing/Vertrieb, Einfkauf/Logistik, Personalwirtschaft, Betriebliche Datenverarbeitung, gegebenenfalls Technische Redaktion u.ä.). Zusätzlich werden Praktika im gewählten Schwerpunkt-Bereich vermittelt, die ebenfalls zum Pflichtprogramm gehören. Nebenher können Fremdsprachenkurse besucht werden.

Die Teilnahme an solchen Programmen kann trotz der zusätzlichen Arbeitsbelastung grundsätzlich empfohlen werden. Wichtig ist allerdings: Ein paar Zusatzqualifikationen einpacken ist eine feine Sache, aber allzu ernst sollte dieser »Wirtschaftskrempel« nicht genommen werden. Sozialwissenschaftler haben einiges zu bieten, sie brauchen sich nicht unter Wert zu verkaufen, noch müssen sie während des Studiums zu BWLern mutieren, nach dem Motto »Ich habe zwar Soziologie studiert, aber ich gelobe Besserung – bitte, bitte lassen Sie mich ein Praktikum machen!«. Uns war in den nachdenklichen Momenten immer ein Vorsatz unseres Freundes Kajetan tröstlich, den wir unseren Lesern deshalb mit auf den Weg geben möchten: »Es braucht nur einer von uns hinterher 'nen Job. Wenn ein Soziologe drin ist, zieht er die anderen bald nach.«

Sachverzeichnis